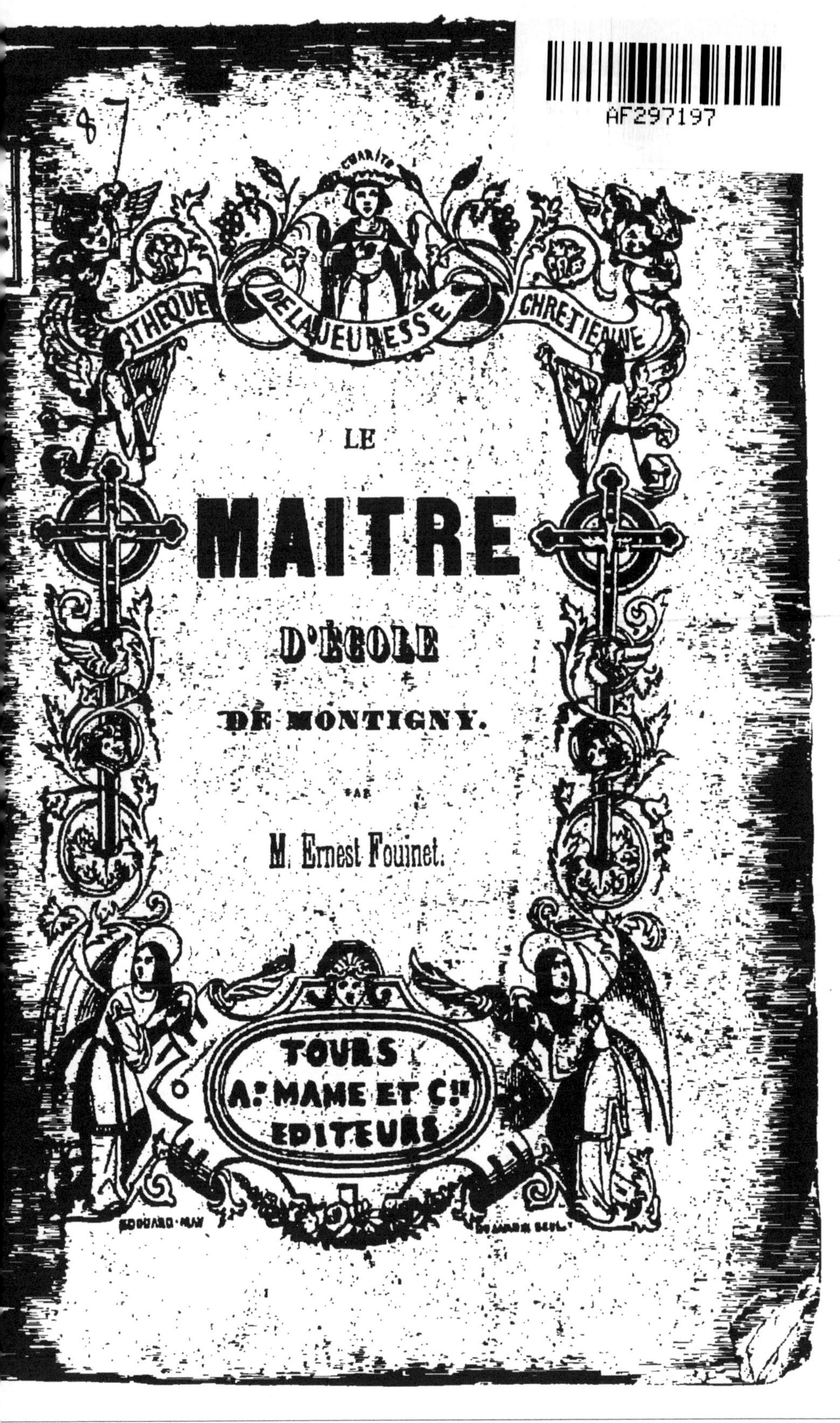
BIBLIOTHÈQUE DE LA JEUNESSE CHRÉTIENNE
CHARITÉ
LE
MAITRE
D'ÉCOLE
DE MONTIGNY.
PAR
M. Ernest Fouinet.
TOURS
A. MAME ET C.ie
ÉDITEURS

Y 2

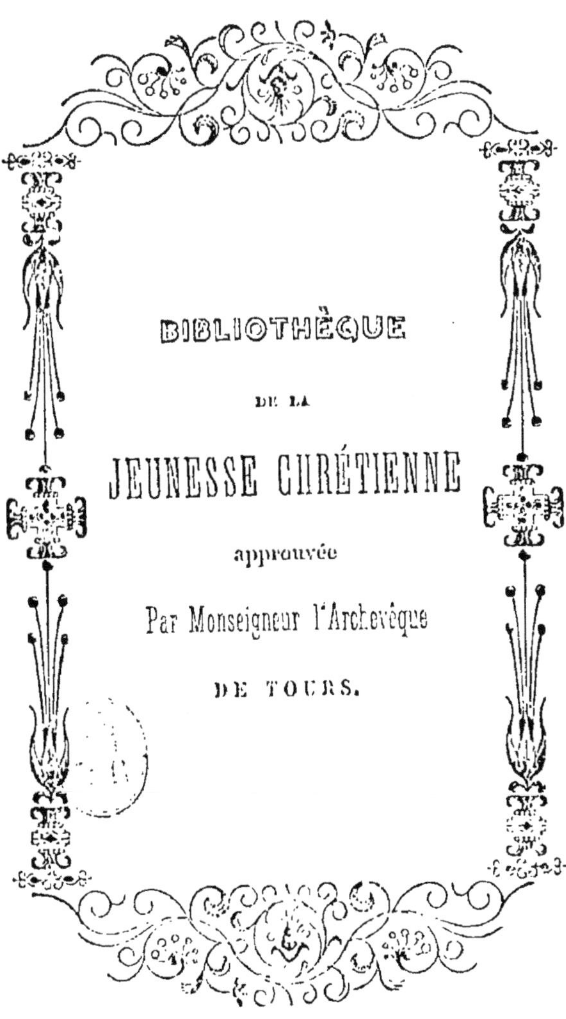

BIBLIOTHÈQUE

DE LA

JEUNESSE CHRÉTIENNE

approuvée

Par Monseigneur l'Archevêque

DE TOURS.

Tout exemplaire qui ne sera pas revêtu
de notre griffe, sera réputé contrefait et
poursuivi conformément aux lois.

LE
MAITRE D'ÉCOLE

DE MONTIGNY.

Par M. Ernest Fouinet.

TOURS

A^d MAME ET Cie, IMPRIMEURS-LIBRAIRES.

1843

Rien n'est gracieux au regard comme le village de Montigny, lorsqu'on y arrive du fond de la vallée au-dessus de laquelle il élève ses blanches maisons pittoresquement éparses parmi les bouquets d'arbres et entre les magnifiques saules, dont la cime s'élance encore moins haut dans le ciel que l'aiguille du clocher de pierre. Prenez pour guide ce vénérable monument, et après avoir gravi un petit chemin qui a pour tapis un épais gazon, pour tentures de magnifiques haies d'aubépine, vous arrivez sur la place que bénit l'église. Sa façade grisâtre fait ressortir l'éblouissante blancheur des murs du presbytère qu'elle tient à sa droite comme un enfant bien-aimé ; à sa gauche, est un autre bâtiment tout blanc aussi ; c'est l'école, l'école, autre enfant de l'église.

Ce fut une belle pensée que l'intime union de ces trois édifices, devant lesquels le cimetière montre, à travers ses hautes herbes et ses arbustes verts, ses croix noires et quelques marbres blancs.

Et, de l'autre côté de la place où fleurit au printemps un riant bouquet d'ébéniers et d'aca-

cias, près d'une maison à volets verts au-
dessus desquels montent deux pieds d'églan-
tiers chargés, en mai, de roses magnifiques,
se déploie l'éblouissante façade de la maison
commune.

Ainsi, sur cette place, sont rassemblés tous
les lieux entre lesquels l'heureux habitant du
village passera du premier jusqu'au dernier
de ses jours : l'église, où on l'apportera nais-
sant pour recevoir le baptême; l'école, où
ses plus riantes années s'écouleront au milieu
de l'étude et de ses succès enivrants; l'église,
encore, où il viendra prier, communier, se
marier, accomplir les actes les plus solennels
de la vie; la mairie, où sa bonne conduite
l'appellera à être le représentant et le guide de
ses compatriotes; puis la maison du médecin,
où il trouvera des remèdes pour les maux du

corps ; le presbytère, où lui seront prodigués des remèdes encore plus puissants, ceux qui soutiennent l'âme et la consolent, et enfin, l'église, toujours l'église, qui bénira son départ de ce monde, comme elle a béni sa venue.

LE
MAITRE D'ÉCOLE
DE MONTIGNY.

1.

Cheveux blancs, avertissements.

Le 25 août dernier, la grande salle
dans laquelle le conseil municipal du
village de Montigny délibère sur les inté-
rêts de la localité était consacrée à des

scènes moins graves, plus riantes, plus dramatiques aussi que ces calmes travaux. Les prix allaient être distribués aux élèves de l'école communale, et déjà, depuis une heure, toutes les banquettes de velours cramoisi apportées le matin de la ville, étaient chargées des écoliers et de leurs familles en grands atours. Les bonnets à barbes garnies de dentelles s'élevaient de toutes parts sur le front des mères, les croix d'or scintillaient sur leurs corsages écarlates, et les pères déployaient les plus magnifiques jabots sur leurs larges poitrines.

Il fallait voir, au milieu des élèves, dont la plupart portaient habit bleu barbeau à boutons d'or, il fallait voir comme était triomphant le maître d'école, M. Louis, ou, ainsi qu'on l'appelait dans le bourg, *le bonhomme* Louis. Mais pourquoi le nommait-on *le bonhomme?* Il était donc bien vieux? Non point! c'est qu'il était vraiment bon, et puis, il faut convenir qu'il avait, sinon la réalité, du moins les apparences de la vieillesse. De longs et magnifiques cheveux blancs, tombant de son front ridé, de ses tempes sillonnées profondément, et se déroulant sur ses épaules voûtées, lui donnaient l'aspect d'un septuagénaire; mais lorsque sa bouche souriait, lorsque ses yeux s'animaient par le contentement, il avait vraiment l'air jeune. Aujourd'hui surtout, que tout le bourg allait être témoin des heureux effets des soins qu'il avait pris pour faire de bons élèves; aujourd'hui, qu'il allait sentir le plus vif bonheur, celui de rendre tant de monde content, il était rayonnant de joie.

Il avait cependant eu dans sa vie bien des peines, et souvent Marianne, la compagne de son enfance, son amie dévouée, intime, Marianne, assise aujourd'hui au premier rang dans la salle de la distribution des prix, bien souvent Marianne disait : « Pauvre Louis ! que je suis contente de le voir un peu heureux; il a été si longtemps éprouvé, et par sa faute, ce qui fut bien plus amer encore ! »

Marianne elle même, cette femme excellente, la providence des malheureux; elle qui prenait une si vive part à la joie, comme aux chagrins du bonhomme Louis; Marianne, en ce moment et depuis de longs jours déjà, était en proie à de bien vives afflictions, à des chagrins semblables à ceux dont avait souffert et dont souffrait encore le maître d'école; voilà pourquoi sa sympathie était encore plus ardente pour des maux semblables aux siens. Elle attendait, de minute en minute, des nouvelles de mort peut-être, sur un de ses fils, marin, un bon et excellent sujet, digne de tout l'amour d'une mère ; et pour surcroît de douleur, Charles, le second de ses fils, le dernier qui fût jusqu'ici resté près d'elle, se lassait du bonheur simple des champs et de la maison natale. Cédant aux mauvais conseils de quelques camarades, aux conseils plus mauvais encore de sa tête extravagante, il voulait à toute force partir le lendemain pour Paris, avec quatre ou cinq de ses compatriotes qui allaient y chercher fortune et n'y trouveraient sans doute que la misère loin des sillons paternels.

Si, du moins, Charles avait eu des qualités naturelles d'esprit et d'intelligence qui justifiassent cette passion de s'élever, sa mère Marianne l'aurait vu avec moins de chagrin s'éloigner ainsi d'elle; mais il était incapable de réussir en quoi que ce fût. Le bonhomme Louis, qui n'avait jamais pu faire de lui un écolier passable, l'avait cent fois dit à Marianne, à lui-même; il venait de le lui répéter encore; mais tout avait été vain, il persistait à partir dès le lendemain pour se livrer aux incertitudes d'un sort lointain, quand il en avait un assuré sur le sol natal, et sa mère le voyait avec effroi, mourant de faim, au coin d'une rue de la grande ville.

Il est donc facile de comprendre combien elle avait de chagrin et de quel œil désolé elle regardait Charles assis dans l'assemblée , près d'elle, pour la dernière fois ! A cette pensée, des larmes s'amassaient sous ses paupières. Oh ! si Charles avait eu un bon cœur, il les aurait bien vues et les eût essuyées par un mot de repentir et de retour dans le cœur de sa mère !

La joyeuse réunion des écoliers ne songeait guère à de si graves choses, et ce fut un long murmure de satisfaction , lorsque l'orchestre, composé d'un violon, d'une basse et d'une clarinette , donna le signal du commencement de la cérémonie. Que le bureau , ordinairement encombré de papiers poudreux , était magnifique en ce moment! Une double file de livres revêtus de basane ou de prétendu maroquin et dorés sur tranche, s'étendait d'un bout de la table à l'autre , sous de triomphales couronnes où la verdure et le clinquant se mariaient d'une façon fort séduisante pour le regard ; mais ces couronnes étaient encore plus douces à voir pour l'âme de ceux qui allaient les recevoir, car elles étaient les symboles de la bonne conduite et du travail.

La distribution de prix qui allait avoir lieu était d'ailleurs plus intéressante cette année que celles qui avaient précédé. Un riche cultivateur du pays avait reçu une éducation brillante et solide, suffisante pour l'élever dans tous les chemins de l'ambition; mais il préféra donner tout son temps, toutes ses forces, toute son intelligence au noble travail de la terre; et cet homme simple et bienfaisant autant que sage, ce cultivateur venait de mourir, léguant un prix à l'habitant du village qui, dans le cours de l'année, aurait accompli l'acte le plus parfait de prudence et de sagesse. Le maire, d'accord avec M. Eloi et le maître d'école, devait décerner ce prix, et c'était avec anxiété que chacun attendait le moment où l'on proclamerait le plus sage, car chacun prétendait à ce titre, Charles peut-être lui-même.

Après les accords plus ou moins mélodieux de l'orchestre, M. Éloi, le curé de
Montigny, vint prendre place au bureau
et fit s'asseoir à sa droite, le maire, à
sa gauche, le bonhomme Louis. M. Éloi,
depuis quarante ans et plus, curé du village, avait toujours refusé des cures plus
belles, afin de rester au milieu de la
pieuse population qu'il chérissait autant
qu'il était chéri d'elle, car pasteur et
troupeau étaient liés l'un à l'autre par les
nœuds les plus saints, tous les sacre-
ments de la vie chrétienne. Nul ministre
de Dieu ne fut jamais meilleur, plus doux,
plus charitable que M. Éloi: ses yeux
dont le regard semblait un reflet du ciel,
sa bouche d'où l'on croyait toujours entendre sortir des paroles de bénédiction,
tout en lui était religion, onction, piété.

Aussi ses paroles coulèrent-elles sua-
ves comme le miel, lorsque, s'adressant
aux futurs lauréats, il leur dit quel était
son bonheur lorsqu'il les voyait travailler
avec un zèle pieux pour acquérir les con-

naissances dont le Créateur a mis en nous tous le germe et les facultés. « Cultiver son esprit, mes enfants, leur dit-il, c'est rendre le plus bel hommage à Dieu qui a élevé l'homme au-dessus de ses autres créatures en lui donnant la raison, ce rayon de sa sainte splendeur; entretenir et développer cette lumière divine, c'est un devoir aussi sacré que la prière, et pour son entier accomplissement, qui saurait mieux vous guider que la religion et le savoir dont est doué votre maître? Aimez-le, respectez-le toujours comme vous aimez, comme vous respectez Dieu, et venez recevoir de ses mains les récompenses de la terre, en attendant celles du ciel. »

Cette allocution fut accueillie par une approbation universelle que révéla un respectueux murmure de félicitation; ensuite M. Louis se leva pour adresser quelques mots aux parents de ses élèves, mais il resta muet une minute, comme s'il était suffoqué par les soupirs. C'est qu'à la vue de toute cette riante jeunesse, il se rappelait ses propres enfants dont il avait été privé par de bien tristes circonstances. Ses deux fils, sa fille, les reverrait-il jamais? C'était là une bien intéressante histoire, ainsi que Marianne le disait sans cesse, et à ce souvenir, M. Louis se troubla. Reprenant enfin de la force, il fit un touchant discours. Oh! lorsqu'il déroula la liste des élus et des triomphateurs, que de cœurs battaient, non-seulement dans les rangs des écoliers, mais encore parmi les pères et les mères! Tous les yeux étaient fixés sur les couronnes, toutes les oreilles tendues pour saisir le nom bienheureux qu'allait prononcer le maître.

Et quand ce nom avait retenti, quelle joie! quels applaudissements! de quelle course rapide l'élu s'élançait vers ses parents, pour leur montrer un beau prix, les embrasser, être embrassé par eux. C'était un spectacle charmant que ce mouvement incessant qui animait la salle entière, aux sons de la fanfare dont la clarinette, la basse et le violon saluaient chaque nom proclamé, tandis que les lauréats retournaient à leurs places, ceints de lauriers à la façon des triomphateurs antiques.

A ces courtes symphonies venaient, chose merveilleuse, se marier, tant bien que mal, les coups redoublés d'une grosse caisse lointaine et invisible. C'est que ce retentissant instrument annonçait, en ce moment même, l'ouverture d'un spectacle arrivé de la ville; car ce jour-là, jour de joie universelle, était aussi celui de la fête du bourg. Or, tous ceux des écoliers qui avaient reçu leur prix ne songeaient plus qu'à aller se promener à la fête, établie sur une vaste pelouse bordée de hauts arbres, à l'entrée du pays. Il était deux heures alors, et entre ce moment et celui où une superbe collation devait être servie dans la salle aux vainqueurs et même aux vaincus, il y avait deux bonnes heures à consacrer à la promenade. Le dernier prix était donc à peine décerné, que toute l'assistance, enfants et grandes personnes, se leva pour sortir; mais on ne s'était pas aperçu, tant la cérémonie était intéressante, que pendant qu'elle s'accomplissait, l'air, depuis un mois d'une chaleur et d'une sécheresse désespérantes, s'était troublé, agité, obscurci; le vent chassait devant lui d'énormes nuages noirs, un orage se formait, et au moment où M. Louis poussait la porte de la salle pour conduire ses enfants à la fête, une irrésistible rafale la referma, et des torrents de pluie vinrent rendre toute sortie impossible.

Qui eut l'air triste et consterné? Je vous le demande. Ne pouvoir pas sortir! ne pas aller à la fête! voilà ce que disaient tous les visages de nos écoliers, et M. Éloi le vit bien; aussi chercha-t-il à les consoler en leur montrant combien cette pluie était précieuse pour les récoltes et pour la terre dévorée de soif. Il leur dit, d'accord avec M. Louis, que ces bonnes ondées étaient comme des aumônes répandues dans les mains des malheureux, et qu'il fallait bénir le ciel pour ce bienfait.

Marianne, l'amie d'enfance de M. Louis, joignit ses observations à celles du maître; elles eurent enfin leur effet, et, prenant leur parti en braves, garçons et filles restèrent assis sur les banquettes, mais non point dans l'ordre officiel de tout à l'heure. Les lauréats, le front ceint de leurs couronnes, assis au milieu de leurs parents, retenus également dans la salle par les torrents qui tombaient, se mirent à causer à leur aise; leur maître encourageait la conversation en y prenant part. Alors, de tous les points de la salle s'élevait un charmant brouhaha semblable aux gazouillements d'une nichée d'oiseaux : c'était l'accord des voix pures, vives et fraîches des jeunes filles, se mêlant à l'accent plus sonore des voix des garçons Un intarissable sujet d'entretien entre les enfants comme parmi les grandes personnes, c'était le silence que le maire avait gardé sur le prix de sagesse qu'il devait décerner dans cette séance. « Comment! pas un ne l'a mérité! personne dans la commune n'a fait acte de sagesse dans l'année entière! » Chacun était visiblement humilié, car chacun se croyait le plus raisonnable et le plus sage.

M. Louis, tout en se promenant d'une famille à l'autre, écoutait ce qui se disait autour de lui. Tout à coup il s'arrêta près d'un groupe au milieu duquel pérorait Charles, Charles qui, plus que les autres, se révoltait contre cet orage qui l'empêchait d'aller se divertir. Son humeur se montrait plus maussade que jamais, car il n'était pas un des triomphes de la matinée qui n'eût été pour lui un blâme, un reproche poignant. Jamais il n'avait ni obtenu ni mérité la moindre récompense, ce qui ne l'empêchait pas d'avoir de la vanité : tout au contraire, car en ce moment même, il célébrait

les succès qu'il rêvait et qu'il allait chercher sous un autre climat. Aussi quelques-uns des élèves qui l'imitaient di-
saient-ils à l'envi : « Quand je serai
grand, je ne veux point cultiver la terre !
Je ne resterai pas au pays, à coup sûr,
quand je serai grand.... — Moi.... quand
je serai grand... » et alors les projets
les plus extravagants de se succéder,
et tous les camarades de les écouter et
de les répéter avec complaisance ; aussi
M. Louis crut-il devoir prendre la parole :

« Pauvres enfants ! quitter le pays,
tel est votre souhait à présent, et lorsque
vous serez des hommes, des femmes,
combien de fois vous direz, avec l'accent du regret : « Oh ! quand j'étais chez
nous, quand j'étais petit, quand j'étais
jeune, j'avais un père, j'avais une mère,
je n'avais aucun des soucis de la vie....
que j'étais heureux quand j'étais enfant,
quand j'étais au pays ! » Vous êtes donc
bien pressés de vieillir?

— Vieillir ! Ma foi non, dit à demi-voix un des écoliers les plus jeunes et les plus chargés de lauriers. Je n'ai pas envie de vieillir pour perdre ces beaux cheveux blonds que ma mère aime tant, ou bien avoir de grands cheveux blancs comme ceux de M. Louis.

— Oh ! mes enfants ! dit le maître d'école après un long soupir, *cheveux blancs, avertissements*, tel était l'adage de mon père, et ces avertissements, je veux quelque jour vous en faire profiter en vous racontant l'histoire de mes cheveux blancs...

— L'histoire de vos cheveux blancs, M. Louis ! il y a donc une histoire de vos cheveux blancs ?

— Hélas !. c'est l'histoire de ma vie.

— L'histoire des cheveux blancs !.. » Cette acclamation générale s'éleva, non-seulement de la bouche des enfants, mais aussi de celle des grandes personnes également emprisonnées par la pluie battante qui continuait toujours :

« Eh bien, oui! contez-nous l'histoire des cheveux blancs...

— Soit, répondit M. Louis. J'espère que chacun comprendra les avertissements qu'ils donneront. » Et, en regardant Charles tandis qu'il prononçait ces derniers mots, il prit place non plus devant le bureau, comme pour la cérémonie de tout à l'heure, mais au milieu des assistants. Chacun alors, s'apprêta à écouter avec un intérêt véritable, car le bonhomme Louis était aimé de tout le monde, et l'on savait que sa vie avait été agitée par beaucoup d'événements. Marianne surtout, sa bonne et vieille amie, Marianne témoignait l'attention la plus vive ; c'est qu'elle espérait que Charles ne serait pas sourd aux leçons que lui donnerait abondamment le récit du maître d'école.

2.

**Ne perdez pas le temps, car la vie
en est faite.**

❖

« Moi, qui vais aujourd'hui vous raconter
l'histoire de mes cheveux blancs, j'avais
en 1787, le jour où l'on me porta aux fonts
du baptême, de naissants cheveux noirs
que notre digne M. Éloi, alors vicaire de
la paroisse, se rappelle bien encore,

lorsqu'il les compare à ce qu'ils sont devenus. Pourquoi chercherais-je à vous décrire les années qui suivirent le premier sacrement qui nous fait chrétiens et nous ouvre les portes de notre religion sainte? La plupart de ceux qui m'écoutent sont bien plus près que moi de ces jours d'enfance, les mêmes pour tous, puisqu'ils ont pour tous les mêmes caresses maternelles, les mêmes chagrins, les mêmes joies. Que vous apprendrais-je en vous disant que je passais mes journées d'été à cueillir des fleurs ou à chasser des papillons sur la prairie où vous alliez jouer hier, comme j'y jouais, il y a cinquante ans avec mon ami Pierre et sa sœur Marianne, ma petite camarade d'enfance, de voisinage, que je voudrais voir aujourd'hui aussi heureuse qu'elle le mérite? Mais dans ces premiers temps, nous jouissions l'un et l'autre d'un bonheur bien parfait, et pourtant je n'appréciais pas tout ce que ma vie avait de bon, entre une mère tendre et dévouée et un père qui ne vivait que pour former mon esprit et mon âme.

Mon père était le maître d'école de la paroisse, comme je le suis aujourd'hui, mais quelle différence entre lui et moi! A quinze, à dix-huit ans, la présomption d'un âge qui ne doute de rien me persuadait que j'étais supérieur à lui; mais j'ai appris à mes dépens à être moins présomptueux et à penser tout autrement de moi. Mon père était un homme instruit, simple, modeste. Qui ne se le rappelle encore parmi vos parents? qui d'entre eux ne vous racontera avec quel agrément et quelle sagesse aimable il expliquait aux veillées attentives ces vénérables proverbes dont il était une bibliothèque vivante, trésor de morale populaire dont j'ai eu le bonheur de conserver une partie.

Je ne me rappelle bien nettement de mes années d'enfance qu'un mouvement extraordinaire qu'il me semble avoir encore sous les yeux; j'avais sept ans alors,

Le bourg venait d'être envahi par des hommes à l'aspect effrayant qui emmenaient tous les riches à la ville pour être jugés et mis à mort. Mon père faillit bien être entraîné par eux, et je crois toujours voir ma mère à leurs genoux, les priant à mains jointes, et Dieu voulut qu'elle obtînt ce qu'elle demandait. Mais, notre bon vieux curé, le prédécesseur de M. Éloi, se soumit avec la résignation d'un martyr, et je n'oublierai jamais de quelle voix il dit en me bénissant, tandis qu'on l'emmenait: « Pauvre ange ! puissent tes beaux cheveux noirs ne point blanchir sous les angoisses de temps aussi affreux que les nôtres ! » Hélas ! mes enfants, il est bien plus cruel encore de les voir blanchir à la suite de ses fautes, car ils sont alors des signes de remords.

Pendant ce temps de trouble et de douleur, l'école de mon père fut fermée, et alors, conduisant la charrue aussi habilement qu'il conduisait naguère la plume, il vécut du produit de la terre qui ne nous manque jamais ; puis, quand il le put, et sans abandonner l'agriculture, il rouvrit son école. J'avais dix ans alors : ma mère m'avait appris à lire ; je n'entrai donc point dans la dernière division, et les récompenses que j'obtins à la fin de l'année et qui furent données en toute justice, car mon père, afin d'éloigner tout soupçon de préférence, était plus sévère avec moi qu'avec qui que ce fût, ces récompenses me prouvèrent que j'avais bien travaillé.

Pour tout écolier raisonnable, ce premier succès eût dû être un encouragement à un travail plus assidu : je n'étais pas raisonnable, je fis donc un calcul tout contraire, et suivant en ce point l'exemple de plusieurs de mes camarades, je me mis à perdre mon temps, à ne faire qu'au dernier moment des devoirs que je trouvais trop faciles, à imiter le lièvre qui se fiait sur ses jambes agiles, et vous savez ce qui lui en arriva dans sa lutte avec la tortue. Ne pas profiter de sa facilité pour faire des progrès plus rapides, c'est mal; c'est méconnaître, c'est dédaigner un don du ciel.

Mon père remarquant avec chagrin ce penchant, en moi comme en beaucoup d'autres, mon père, après bien des réprimandes qui furent vaines et qui cependant auraient dû être d'autant plus attentivement écoutées qu'elles étaient toujours douces et indulgentes, mon père eut enfin l'idée de faire peindre autour de l'horloge de l'école un très-sage proverbe.... *Ne perdez pas le temps, car la vie en est faite!!!* s'écrièrent une cinquantaine de petites voix.

— Précisément, et tous les samedis, l'écolier qui avait le moins travaillé était obligé de venir debout devant l'horloge, subir, de la bouche de mon père, un interrogatoire sur la signification de ces paroles :

« Qu'est-ce que la vie? demandait la plupart du temps mon père à celui d'entre nous qui était sur la sellette.

— La vie, Monsieur..... c'est.... c'est le premier des dons que Dieu nous fasse, repartit un jour à cette question mon bon ami Pierre, qui aujourd'hui, mes enfants, assiste à vos triomphes.

— Bien répondu ; la vie est le plus précieux des dons du Créateur. Et de quoi est composée la vie ?

— De jours, d'heures, de minutes.

— De temps, enfin ; ainsi celui qui perd une minute, une heure, un jour, perd plus ou moins de la vie, ce précieux don de Dieu que l'on doit conserver avec respect. Voyez comme il est mal de perdre le temps. »

Un jour, et ce ne fut pas la seule fois, j'étais devant l'inflexible horloge :

« M. Louis, pourquoi Dieu a-t-il donné la vie à l'homme ? me dit mon père avec sévérité.

— Pour... dame... pour... et après avoir longtemps balbutié..., pour... vivre, répliquai-je niaisement.

— Mais vivre, vous ne pensez pas que

ce soit seulement boire, manger, courir, dormir ?

— Oh, non! mon père.

— Alors, c'est prier, c'est travailler, c'est s'efforcer d'être utile à son pays, à sa famille, à son prochain.

— Bien sûr! mon père.

— Vivre, c'est être utile : d'accord ; mais on peut l'être de mille façons ; comment, par exemple, serez-vous utile aux pauvres ?

— En leur faisant l'aumône.

— Avec quoi ?

— Avec de l'argent.

— Mais l'argent, comment l'acquiert-on ?

— En travaillant.

— Mais, si, au lieu d'apprendre à travailler, si, au lieu de travailler, vous perdez votre temps, c'est autant d'argent que vous perdez, par conséquent autant de moyens d'être utile et d'accomplir la vie suivant la volonté du Créateur. Comprenez-vous à présent quel crime c'est que de perdre son temps, et combien est sage et raisonnable le proverbe écrit autour de cette horloge. »

Ainsi, les paresseux étaient punis par l'obligation de venir soutenir thèse en faveur des bienfaits qu'ils avaient méconnus, et leurs interrogatoires, écrits par eux en moyenne, restaient huit jours affichés sous l'horloge. Cette douce méthode de châtiment réussit à tel point qu'au bout d'une année mon père put en abandonner l'usage; mais je me verrai forcé de le rétablir après les vacances, à l'intention de ceux de mes enfants que je n'ai pas eu le bonheur de pouvoir nommer aujourd'hui. » En prononçant ces derniers mots, le bonhomme Louis regarda Charles, garda un instant de silence et poursuivit.

3.

Tout nouveau, tout beau.

« L'horloge m'avait si souvent donné de bons conseils, que je finis par en profiter. Ce fut au point qu'à la fin de ma treizième année, après la première communion reçue des mains de M. Éloi, mon père me jugea capable de lui venir en aide et d'être le professeur des commençants.

C'était là une distinction glorieuse, et je la justifiais, me disait-on ; mais bientôt je la gâtai par un complet défaut de modestie, et au lieu de rendre grâce à Dieu des succès dont il m'avait créé capable, au lieu d'être reconnaissant à double titre envers mon père, qui était aussi mon habile maître, je devins de plus en plus orgueilleux.

Cette tendance à une vanité aussi sotte que fatale ne tarda pas à trouver un aliment nouveau. Le château, abandonné depuis longtemps, depuis cette scène de tumulte dont je vous ai parlé, fut enfin occupé par ses anciens propriétaires, ou plutôt, par leurs héritiers. M. et Mme de Montigny avaient un fils de huit ans, et, en attendant le professeur qui lui était destiné, ils m'appelèrent pour lui donner les premières leçons. Ces relations avec le fils de celui que les paysans nommaient encore le seigneur, me rendirent vaniteux à l'excès, d'autant plus que j'étais traité avec une grande bienveillance, et je ne tardai pas à tourner le dos à mes camarades du village. Hommes excellents! ils ne tournèrent pas le dos quand je vins les retrouver; mais, quant à moi, je les abandonnai tous, jusqu'à mon ami le plus intime, mon excellent Pierre, pour me rapprocher autant que possible des jeunes gens qui venaient de la ville ou des châteaux voisins au château de Montigny. Je cherchais à les imiter, à parodier leurs toilettes, leurs façons mondaines, et je n'en étais que plus ridicule, tout en dépensant follement l'argent que me donnait sur ses épargnes ma pauvre mère.

Pendant les premiers mois de mon séjour au château, je trouvais tout magnifique, excellent, admirable; j'étais ébloui comme par un rayon de soleil. Tel avait été mon caractère dès l'enfance: le plus nouveau jouet était toujours celui vers lequel je m'élançais, et puis, que le lendemain en vînt un autre, je jetais là mon favori de la veille!

Tout nouveau , tout beau ! C'était bien là la devise qui me convenait. Comme le papillon insensé, j'avais couru d'abord sans réflexion vers ce qui brillait, ce qui brûlait aussi; comme l'imprudent qui sortait du nid, je volai au miroir scintillant, sans penser au piége qu'il cachait; mais de même que je m'étais pris rapidement d'un fol enthousiasme, de même je me dégoûtai bien vite, et cette vanité que j'avais conçue dans la société du château fut bientôt ce qui dissipa toutes mes illusions. Moi, qui avais traité en inférieurs mes camarades, je ne tardai pas à m'apercevoir que j'étais traité aussi comme un inférieur par ceux dont j'avais voulu être l'égal, et, ma susceptibilité une fois éveillée, tout me déplut; autour de moi, tout me sembla offensant, humiliant. J'avais exagéré le bien, j'exagérai le mal et je finis par trouver un prétexte;.... quel prétexte ne trouve-t-on pas pour faire ce que l'on veut?.... je finis par imaginer d'excellentes raisons pour quitter le château et revenir à la maison paternelle.

Me voilà donc de nouveau rentré dans le chemin de la prudence et de la sagesse; mais ce ne fut pas pour longtemps. Au bout de quelques jours, je le quittai, par la pensée du moins ; et avide de changer de position , je vis venir avec joie le moment de la conscription qui me donnait la perspective d'une nouvelle carrière.

Le jour du tirage venu, je pris donc place d'un air martial dans la file des conscrits qui se rendaient à la sous-préfecture , au pas très-peu régulier du tambourineur de la commune.

Je trouvai dans la salle mon père qui était bien inquiet. Ma pauvre mère ! Il me semble encore la voir à genoux sur la première marche de l'estrade où le destin de son enfant allait être décidé par le sort. Comme elle tremblait ! comme elle levait les yeux au ciel ! avec quelle ferveur elle pria pendant tout le temps du tirage, au moment surtout où je plongeai la main au milieu des numéros. Tremblante, émue au dernier point, elle n'osait regarder cette urne fatale qui renfermait mon sort, plus encore le sien, et mon oreille est encore pleine du cri de ravissement et de pieuse reconnaissance qu'elle éleva vers le ciel, en entendant proclamer avec mon nom le n° 150 qui m'exemptait sans le moindre doute.

« O mon Dieu ! avait-elle dit dans son enthousiasme, vous êtes partout, même dans le hasard ! »

Mon père me donna une cordiale poignée de main; ma mère, en remerciant toujours avec effusion Dieu qui avait exaucé sa prière, ma mère, les yeux baignés de larmes, de joie, m'embrassa, m'embrassa encore, et moi que je fus ingrat ! moi qui ne compris point et ne partageai nullement le bonheur que mes parents trouvaient dans leur amour pour leur fils unique.

— Le ciel soit béni ! nous ne nous quitterons pas ! »

Cette exclamation arrachée à leur cœur par la plus vive tendresse, il ne se trouva pour la répéter aucun écho dans mon cœur, et je ne pensai pas moins à quitter la maison paternelle pour entrer dans une autre voie, sauf à m'y perdre.

Puisse, mes enfants, ce récit vous apprendre à ne pas suivre aussi aveuglément des fantaisies, des passions, pour vous éloigner de la route où vos parents vous mettront après y avoir tracé péniblement, et pour vous, un chemin droit et aisé.

Que ne fus-je assez sensé à cette époque, pour comprendre ce que ce conseil avait de sage et de bon ! Mais j'étais résolu à agir à ma tête. Plus d'une fois je m'étais rendu dans les bureaux de la sous-préfecture pour avoir les papiers qui constataient ma libération. Être employé chez le sous-préfet, ce fut dès lors mon ambition : je me voyais, dans mes rêves, sous-préfet moi-même bientôt, puis, avec le temps, préfet, député, ministre, que sais-je ! J'avais un accès de délire.

Mon caractère était très-liant et j'eus bientôt fait quelques connaissances dans le chef-lieu de l'arrondissement ; puis, une place étant venue à vaquer, je la demandai ; je l'obtins, grâce au nom de mon père et à l'estime dont il jouissait dans la contrée. Oh ! je fus dès lors dans l'enchantement, dans le ravissement, je le disais à qui voulait l'entendre.

« Louis, Louis, me répondait alors mon père, je sais bien qu'avec toi, tout nouveau, tout beau ; je sais bien que tu prends tout avec feu, mais ce feu s'éteint aussi vite qu'il s'allume. Nous verrons où en sera, dans trois mois, ta joie si violente aujourd'hui qu'elle ressemble à de l'ivresse : mieux vaudrait, vois-tu, mon enfant, que tu restasses avec nous, dans mon école, à la tête de laquelle tu ne peux manquer de me succéder dans quelques années. En t'éloignant, au contraire, tu te fais tort pour l'avenir. Rien n'est pire que l'inconstance. »

J'aurais bien fait d'écouter cet avis : quel homme se repentit jamais d'avoir suivi les conseils d'un père? Les repousser, n'est-ce pas être sourd à la voix de Dieu?

Ma mère ne désespéra point encore, et la pauvre femme qui, après la grande épreuve de la conscription, croyait fermement ne plus jamais se séparer de moi, me prodigua les plus tendres instances, que répétaient en me serrant la main, Pierre, l'ami excellent dont je me montrais bien indigne, et Marianne sa sœur.

« Comment, Louis! Tu me quitteras donc, moi! Ta pauvre mère! Ton amie Marianne, ton camarade Pierre, tu les abandonneras! tu t'éloigneras sans chagrin de ton village, de ton jardin si fleuri! Tu te condamneras à ne plus voir les beaux peupliers de l'avenue et le clocher de ton église!...

— De l'église où je t'ai donné le baptême, où je t'ai donné la communion ! »
ajoutait, avec effusion, **M. Éloi.**

Instantes prières, observations tendres, rien n'agit sur moi, rien ! Et cependant que de fois je me rappelai en
frémissant les paroles que la mère de
Marianne, bonne vieille qui m'avait vu
naître, m'adressa lorsqu'elle me vit si
inexorable : « Puissent les enfants que le
ciel te donnera un jour ne pas te faire
sentir combien tu es cruel en ce moment ! » Oh non !... ces paroles, je ne les ai
jamais oubliées, non plus que ces derniers mots de mon père : « Va ! tu sauras
peut-être un jour combien il est difficile
de rentrer là d'où l'on est sorti et de retrouver ce qu'on a perdu ! » Bien des fois
ces adieux prophétiques ont retenti dans
ma mémoire, lorsque je fus au comble
de mes calamités ; mais à vingt ans, ma
mauvaise tête faisait taire les inspirations
de mon cœur, qui pourtant était bon. Je
quittai donc Montigny.

J'étais enfin employé à la sous-préfecture ; mes trois cents francs d'appointements ne m'auraient certes pas fait vivre, si, chaque fois que je venais au village, ma mère n'eût rempli ma bourse , car elle m'aimait comme si je m'étais bien conduit avec elle. Mon père l'avait bien dit : au bout de trois mois, j'étais déjà dégoûté de ma place. Ces faux rayons qui m'avaient ébloui avaient fait place à une ombre qui toujours devenait plus épaisse ; mais j'avais trop d'orgueil pour montrer ma déconvenue à mon père et à ma mère ; et pourtant j'aurais cédé à une bonne inspiration en rentrant à Montigny, en revenant près d'eux. Du moins, alors, j'aurais reçu leur dernier soupir, leur pardon, car c'est ma conduite qui avait sans doute cruellement abrégé leur vie.

Ils moururent le même jour, et j'arrivai trop tard à leur chevet. Quelle fut donc ma douleur ! quels furent mes remords ! Ces émotions auraient dû me corriger, et , tombant à deux genoux près du tombeau de mon père, j'aurais dû promettre solennellement à son âme que je vivrais à l'avenir sur le petit héritage qu'il me laissait, pour être utile, pour secourir les malheureux, pour faire autant de bien que possible, enfin, pour continuer sa vie.

Mais comment pouvais-je espérer de lui succéder dans la carrière qu'il m'avait ouverte? Ne m'avait-on pas oublié au pays? mes écarts ne m'avaient-ils pas rendu indigne d'être le guide des enfants, moi qui ne savais pas me conduire? La place de maître d'école fut donnée à un autre.

Je retournai donc bien tristement à ma petite place à la sous-préfecture, et longtemps le chagrin fit diversion à l'inconstance qui me poursuivait sans relâche, mais un moment vint où elle fut la plus forte. Il n'en pouvait pas être différemment, puisque je ne cherchais pas à lui résister. Un jour le sous-préfet m'avait donné à copier une longue lettre, j'obéis d'assez mauvaise humeur, car

depuis que je me sentais propriétaire
des 3,000 fr. d'argent comptant que mon
père m'avait laissés, je me croyais mil-
lionnaire, et il me semblait plus que jamais indigne de moi d'être un vil copiste.
Mon travail se ressentit donc de cette
mauvaise disposition : mon chef s'en
aperçut, me le dit ; « Puisqu'il en est
ainsi, répondis-je avec le dépit concentré
d'un orgueil implacable, puisque l'on
me pousse à bout, je quitte ma place à
l'instant : j'ai assez longtemps été esclave ! »

Esclave ! De qui l'étais-je plus complétement que de ce caractère changeant
et mobile auquel j'obéissais comme si je
n'avais pas de raison. Je quittai donc la
sous-préfecture, non point pour le village, mais bien pour le chef-lieu du dé-
partement. On m'avait dépeint cette ville
comme un lieu de plaisir éternel, un
séjour enchanté, un petit Paris, et ce
dernier mot, qui fait tourner la tête à
tant d'habitants des provinces et les dé-

cide à venir à la ville mourir de faim,
loin des campagnes où ils auraient pu
vivre heureux, ce magnifique mot de
Paris m'attira vers le chef-lieu du dépar-
tement. C'était un pas de fait vers la
séduisante capitale.

4.

Ami au prêter, ennemi au rendre.

Mon argent me procura bien vite de
nombreuses relations dans la ville où je
commençai par vivre un mois sans rien
faire ; puis au bout de ce temps j'entrai
dans une maison de commerce très-con-
sidérable. Là, nous étions une foule de

commis parmi lesquels je me fis bientôt plusieurs amis intimes, en leur prêtant les économies que mon père avait péniblement amassées pour sa vieillesse et pour la mienne. Ce trésor, qui aurait dû m'être sacré, je le gaspillai indignement, mais je devais être bien puni de l'impiété que je commettais.

Mes prétendus amis ne dépensaient point, du reste, cet argent en égoïstes: jamais ils ne manquaient de m'inviter à aller prendre dans les cafés et estaminets ma part de ce qu'ils consommaient à mes dépens. Cette existence à peu près oisive, ces habitudes de vie irrégulière et presque débauchée avaient mille périls. J'y perdais le goût, la faculté du travail, les pieuses coutumes de la maison paternelle et la santé, dont l'absence est la plus déplorable des misères.

Je l'éprouvai bientôt. Une grave maladie, causée par mes excès, vint totalement épuiser ce qui me restait de ressources; cette double pauvreté de santé et d'argent eut son résultat trop ordinaire : mes camarades, ne me trouvant plus bon, ni à prêter ni à me divertir avec eux, ne me trouvant plus bon à rien, enfin, s'éloignaient tout doucement de moi. Je les aurais bien vite rappelés si, pour satisfaire leurs goûts de dépense, j'eusse voulu vendre le champ que j'avais à Montigny.

Souvent, au lieu de me proposer de me rendre ce qu'ils me devaient, pour parer à la détresse qui me menaçait, ils m'avaient conseillé de prendre ce parti. « Oh ! jamais ! jamais ! avais-je toujours répondu. Le champ que mon père a cultivé ! La terre qui a été sa ressource assurée dans les jours difficiles, jamais je ne la vendrai. C'est le plus cher souvenir qui me reste de mon père. » Alors ils me tournaient le dos en souriant. Ils étaient trop corrompus pour comprendre le sentiment qui remplissait mon âme. Je ne tardai pas, enfin, à voir le vide le plus complet se faire autour de moi en même temps que dans ma bourse.

Il fallut donc me contenter de mes appointements, qui suffisaient à peine pour me faire subsister dans cette ville où la vie était horriblement chère, tandis qu'à la campagne j'aurais pu vivre si heureux en cultivant le champ paternel. Cette pensée me suivait comme un remords, et le moment ne tarda pas à venir où je compris plus amèrement que jamais la faute que j'avais commise. Je perdis mon emploi : la maison de commerce à laquelle j'étais attaché, ayant, comme tous les commerçants de nos jours, voulu gagner des millions en un clin d'œil, s'en alla en ruines. Ainsi, je n'avais plus de place, je n'avais plus rien entre les mains, mais je possédais bien deux mille francs entre les mains de mes amis. Ils avaient tous trouvé d'autres emplois dans diverses maisons de la ville : ils pouvaient donc me rembourser. Aussi, allai-je les trouver en toute confiance, mais aucun, à mon aspect, ne prit l'air amical et riant que je voyais s'épanouir sur tous les visages quand j'apportais de l'argent : je venais en demander, au contraire ; oh ! toutes les mines se refrognèrent alors, toutes les paroles furent non-seulement évasives, mais rudes et de mauvaise humeur :

« J'en suis bien fâché, mon cher, mais je n'ai pas d'argent... Attendez,... je ne puis pas, je n'ai rien en ce moment... j'ai perdu ma place et je n'en ai pas d'autre... venez dans un mois, dans huit jours, adieu, allez. »

L'on me mettait dehors avec ces paroles, et moi, éconduit presque comme un ennemi par ceux qui semblaient me tant aimer autrefois, je rentrais plus malheureux qu'auparavant, les mains toujours vides, le cœur de plus en plus navré, et une dernière tentative près de mes créanciers porta mon chagrin au comble. Ils me fermèrent tous leur porte au nez, en me traitant de mauvais camarade, de faux ami, et je m'en allai en soupirant : « Mon pauvre père avait encore raison, lorsqu'il disait : *ami au prêter, ennemi au rendre.* »

5.

Femme bonne vaut une couronne.

« Je ne veux plus rester ici un seul jour, m'écriai-je ! je fuis ces amis perfides et ingrats qui n'aimaient en moi que l'argent ! Je retourne à Montigny, » et le faisant comme je venais de le dire, dans mon accès de misanthropie et de colère, je me mis en route, bien décidé à m'arranger toujours de façon à vivre de ce que je pourrais acquérir par le travail.

Tout en faisant ces sages projets, plus j'approchais de Montigny, plus mon cœur battait, et si dans cette émotion il y avait bien un peu du sentiment de joie pure que fait éprouver au cœur le retour au pays natal, il y avait surtout beaucoup de honte. Je rougissais de rentrer dans le bourg, un bâton à la main et les poches vides, après m'y être plusieurs fois montré sur un cheval, dans une voiture de louage, la bourse bien garnie. Combien, en effet, devais-je être honteux d'y revenir pauvre, ruiné, abandonné, tout cela par ma faute ? Mais, cette honte, je m'y soumis comme à un châtiment. Enfin, lorsque j'aperçus la petite maison paternelle, les deux peupliers qui s'élancent à sa droite et à sa gauche, et les haies de sureau, alors en fleur, qui bordent la cour, j'oubliai toute fausse honte, je me dis qu'il était toujours prudent, toujours bien de revenir au bon chemin d'où l'on s'était écarté et j'avançai d'un pas ferme vers les premières maisons du pays.

Comme on était alors aux travaux des champs, je trouvai la rue presque déserte: cependant quelques bonnes vieilles, mettant le nez à leur fenêtre, me saluèrent de plusieurs bonjours : « Ah ! te voilà Louis ! comment cela va-t-il, M. Louis? Enfin ! tu vas rester avec nous, Louis? » Je répondis à ces apostrophes avec d'autant plus d'empressement qu'elles m'étaient adressées du même ton d'amitié et de bon accueil qu'autrefois. Cette réception me causait à la fois du plaisir et de la honte, car c'était une leçon, un reproche d'autant plus pénétrant qu'il avait plus de douceur et de bienveillance. « Te voilà donc, Louis! te voilà! Est-ce pour toujours cette fois? » Je reconnus la voix qui m'adressait ces questions, c'était la voix de l'amie de ma mère, c'était la mère de Pierre et de Marianne.

Que de souvenirs tristes cette voix me rappela! aussi, sentis-je la rougeur monter à mon front, et je n'osais parler à cette femme, mais elle fut si bonne, si accueillante, que j'entrai enfin avec assurance dans sa petite maison. Pierre et Marianne n'y étaient pas, mais le temps passa vite, en conversation sur mes beaux jours d'autrefois, sur mes jours mauvais aussi, et bientôt sonna l'heure du retour des champs. Je me retrouvai tout aussitôt au milieu de mes anciens amis, dont aucun ne me témoigna la moindre rancune pour la conduite que j'avais trop longtemps tenue à leur égard; et moi, qui avais quitté la ville, le cœur plein de haine contre les hommes, je me sentis réconcilié avec eux en retrouvant tant de bonne amitié.

Pierre surtout me combla d'embrassades, de poignées de mains, et à la tête de tous les voisins il voulut m'accompagner jusqu'à la petite maison de mon père. J'y rentrai donc, pour ainsi dire, en triomphe. Mais , hélas! dans quel abandon était le jardin! quel reproche ce fut pour moi que l'état de ces lieux ! Je n'y faisais point un seul pas qui ne fût un blâme cruel. Les landes les plus hérissées de bruyères et d'ajoncs ont l'aspect moins sauvage que ne l'avaient en ce moment les allées, sablées jadis , et les plates-bandes autrefois si gracieusement bordées de fleurs. « Nous te remettrons ton jardin en état, me dirent Pierre et d'un commun accord tous ceux qui m'avaient suivi.

— Merci, leur répondis-je : j'accepte avec joie…. Nous réparerons tous ensemble le mal que j'ai fait et le désordre qui s'est mis ici par ma faute. Il me semble que ce concours amical est déjà pour moi un présage de pardon.

— Et en même temps que nous te rendrons un service , vois-tu, Louis , nous rendrons encore hommage à ton bon et brave père qui aimait tant sa petite maison et son jardin si fleuri. »

Après m'avoir ainsi parlé en me serrant la main, ils me quittèrent pour aller se coucher à la brune afin d'être levés le lendemain avant le soleil, très-matinal en cette saison.

Je n'avais pas encore mis le pied dans la maisonnette, dont les trois fenêtres étaient ombragées d'un chèvrefeuille qui avait toujours crû, toujours fleuri, comme si ceux qui l'aimèrent n'avaient jamais quitté ce lieu. Je passai près d'une demi-heure à tourner vainement les clefs rouillées dans les serrures, également obstruées par la rouille, et cette circonstance me frappa jusqu'au fond du cœur. Quelle saisissante image d'un complet abandon ! la porte de mon père refusait-elle de s'ouvrir au fils ingrat ? Enfin, après de nouveaux efforts, j'entrai, et tombant à genoux sur le seuil, je remerciai Dieu de l'asile que je retrouvais où avait été mon berceau.

Mon berceau, il était encore là, au milieu de meubles relégués dans une pe-

tite chambre. Pas le moindre changement
à la disposition intérieure de la maison !
Tout était à sa place comme à l'heure où
moururent les habitants de cette demeure. Ma chambre était rangée comme
si l'on m'attendait pour y venir passer la
nuit, comme le matin où je partis, insen-
sible aux prières et aux larmes de ma
mère.

Avant de me coucher, toutefois, j'allai
me prosterner devant le lit où mes parents avaient rendu le dernier soupir,
loin de moi, mon Dieu ! Et quelles furent
les paroles qu'ils prononcèrent à cette
heure solennelle, ils pensaient sans
doute à moi ; ils me nommaient sans
doute. Telles furent mes méditations,
mes prières, tandis que je contemplais
à genoux le crucifix d'ivoire qui protégea
si longtemps leur sommeil, et minuit
sonnait à l'église lorsque je sortis de
mes solennelles oraisons pour me retirer
dans ma chambre.

Réveillé en sursaut par la cloche qui,

en sonnant l'angélus, appelait les habitants aux travaux de la terre, et c'est là une belle et pieuse leçon qui unit l'idée de la religion et l'idée du travail, je ne fus point surpris, car, pendant mes quatre heures de sommeil, j'avais revu en rêve toute mon existence d'enfance et de première jeunesse. J'obéis donc avec empressement à l'appel de la cloche, et j'étais debout en même temps que tous les gens du village; mais, les travaux que j'avais à accomplir étaient là, autour de moi, dans ce jardin qui était devenu une véritable jachère.

J'allais donc me mettre sur-le-champ à l'œuvre de réparation, mais, avant tout, il fallait saluer, comme autrefois, mon père, ma mère; j'entrai dans leur chambre, et m'inclinant devant leurs deux portraits, dont le soleil levant éclairait les yeux qui semblaient suivre les miens, je priai ces douces et belles âmes, remontées au ciel, de me pardonner et de me protéger par leurs prières. Les portraits, sur lesquels errait une lueur rose, me faisaient illusion, et je croyais voir mes parents revivre. Quelle excellente figure avait mon père! Dans les regards de ma mère, quelle expression de bonté! Elle justifiait bien ce mot que son mari avait fait peindre sous le tableau de famille : *femme bonne vaut une couronne.*

Ce proverbe naquit aux jours où une couronne était chose de grand prix, et il était vrai alors. Qu'y a-t-il en effet de meilleur qu'une bonne épouse, et quel rôle plus admirable que le sien? Elle enchante la maison par sa présence et y répand un parfum exquis de douceur et de grâce; par ses soins prudents, la gêne est éloignée du ménage ou du moins délicatement cachée aux yeux de l'époux. Est-il content, elle double sa joie; est-il triste et préoccupé des tribulations de cette vie, elle lui prend la moitié de sa peine, et, par de douces paroles, le console et le soutient. Elle est la providence de l'homme, son ange gardien devenu visible.

Ces réflexions n'étaient autre chose qu'autant de souvenirs de ce que fut ma mère, et je m'y livrais avec bonheur, avec le plus vif sentiment de piété ; j'étais aussi ému que devant l'autel, et je ne concevais pas comment j'avais pu quitter mon pays et vivre autre part. Je recueillais avec bonheur tous mes souvenirs d'enfance et de première jeunesse, avec douleur tous ceux des dernières années de ma vie, lorsque j'entendis lever le loquet. Pierre, suivi de quelques-uns de mes anciens camarades, de mes anciens élèves aussi, entra dans le jardin, la bêche sur l'épaule, des graines et des plantes dans les mains. « Nous voici fidèles à l'heure, me dit-il ; dans deux ou trois jours, on ne se doutera pas que l'ami Louis ait jamais quitté ce jardin. » Je lui serrai la main avec reconnaissance, ainsi qu'à mes autres amis, et nous nous mîmes tous à l'œuvre de réparation avec une ardeur infatigable. Je racontai à Pierre tout ce qui m'était arrivé de malheureux depuis mon départ, et, à mes confidences, il répondit par les détails de tout ce que le ciel lui avait envoyé de bonheur, à lui qui n'avait pas abandonné notre nourrice commune. Chacun, en travaillant, fit le récit des quatre dernières années, de mes années d'absence ; et les heures passaient si vite, que l'on oubliait que l'on avait faim. L'horloge de l'église nous avertit enfin qu'il était temps de se reposer et de déjeuner. « Mais où déjeuner ? me disais-je tout bas. Il serait naturel que j'offrisse à mes amis un repas qu'ils ont bien gagné. » J'étais donc plongé dans ces réflexions quand Pierre, me prenant le bras : « Allons déjeuner, » et il m'entraîna du côté de ma propre maison.

« Pierre, que fais-tu ? lui disais-je. Je suis vraiment honteux... mais... nous ne trouverons rien. »

Pierre ne faisait pas la moindre attention à mes paroles. Il fit d'abord entrer ses aides dans la salle basse, puis, il m'y poussa, et que vis-je?

Une table dressée sur laquelle fumait une odorante soupe aux choux, les meubles luisants, pas un atome de poussière sur l'armoire, sur le bahut, et dans la vaste cheminée, un feu clair, comme celui que j'aimais tant quand j'étais près de ma mère.

Ma mère! M'était-elle donc rendue par un miracle? Je me retournai et j'aperçus celle de Marianne. Tout me fut alors expliqué. Ma mère avait recommandé, en mourant, à sa vieille amie de la remplacer près de moi, et ce matin, elle avait commencé ses fonctions de bonne et affectueuse ménagère. Marianne l'aidait. Excellente fille! elle paraissait si contente de me voir, que j'en fus profondément touché; je me rappelai avec plaisir, en déjeunant de bon cœur, combien mes parents aimaient à me marier, en espérance, avec Marianne; la scène de famille qui se passait en ce moment semblait déjà réaliser ce projet, et qu'il eût été de ma part sage de dire en voyant Marianne : « Femme bonne vaut une couronne. »

6.

**Femme qui trop souvent se mire,
guère ne file.**

Bientôt la maison fut entièrement
remise en état, grâce aux soins réunis
de mes amis et de moi ; puis, M. Éloi
ayant bien voulu entrer un jour dans ma
demeure, je la regardai comme récon-
ciliée et bénie par la présence de ce

vénérable pasteur. Bientôt le jardin re-
devint, non-seulement agréable, mais
utile, double qualité indispensable pour
un jardin comme pour un homme. Ce
travail terminé, Pierre voulut encore me
prêter son secours pour mettre en bon
état quatre arpents de terre à peu près
abandonnés depuis deux ans et plus. Ils
reçurent donc un double labour, puis des
semences abondantes dont mes voisins
voulaient à l'envi me faire l'avance ; mais
c'est de Pierre, comme de mon meilleur
ami, que j'acceptai ce service. Puis l'hiver vint avec ses bonnes et amicales
veillées.

Tout était donc à peu près rétabli
comme par le passé dans la maison paternelle, mais ce n'était là que la moindre
partie de l'héritage de mon père. Cette
place qu'il me réservait avec tant de bonheur était son legs le plus précieux, et
quand le recouvrerai-je ? Ce jour n'était
peut-être alors pas éloigné si j'avais été
sage.

Je n'aurais pu me résoudre à rester à la charge de mes amis jusqu'à la prochaine récolte, mais la Providence vint à mon secours et m'assura une existence presque suffisante. L'école communale ayant continué de prospérer, les élèves plus nombreux que jamais exigeaient la présence d'un sous-maître. Or, un jour de la fin de l'automne, je passais sur la place, regardant tristement la maison commune et faisant de douloureuses réflexions. Tout à coup elles sont interrompues par un brouhaha que je reconnais pour l'avoir entendu souvent et y avoir souvent pris part. Tous les écoliers sortaient de l'école, et vous savez que jamais torrent grossi par l'orage ne fit plus de bruit qu'une classe qui prend sa volée.

« Oh! M. Louis, voilà M. Louis! bonjour, M. Louis! » vous entendez à ces cris que les grands m'avaient reconnu. Alors le maître de l'école vient à moi, et me rappelant les services que mon père avait rendus au pays, en élevant bien les enfants de son temps, il me demande si je n'ai pas été moi-même le maître des commençants, et sur ma réponse affirmative, il m'offre de reprendre ces fonctions que j'avais remplies à la satisfaction de tous lorsque je n'avais que treize ans et auxquelles je revenais avec empressement à vingt-cinq. Voyez comme l'homme avance quand il s'est mis une fois dans un mauvais chemin ! Oh ! vous apprendrez par la suite du récit, combien je devais encore avoir de peine pour rentrer dans la voie que m'avait tracée mon père.

Enfin cette fois, j'étais bien résolu à ne plus quitter la carrière où je remettais le pied. Avec de la persévérance, je pouvais même espérer, non de retrouver le temps perdu, et c'est cette impossibilité qui devrait nous le rendre si précieux ; mais en me conduisant bien, je me rendais digne d'être appelé à remplacer un jour l'instituteur actuel qui était vieux et maladif. Dans cette pensée, je partageais avec bonheur mes journées entre les soins que réclamait la terre et ceux dont avait besoin mon intelligence pour recouvrer par l'étude ce que trois ou quatre années lui avaient fait perdre. Mes livres et mes instruments de labourage se succédaient régulièrement entre mes mains, et ainsi, pendant que l'esprit travaillait, le corps se reposait pour reprendre ensuite avec plus de vigueur la pioche et la bêche et laisser pendant ce temps la tête se rafraîchir. Je reconnus bientôt que dans cette constante succession de travaux divers, j'avais profité également des deux côtés. L'instituteur faisait autant de progrès que l'agriculteur.

Je prenais néanmoins mes instants de repos, car, ainsi que le disait mon père, *le champ le plus fertile sans repos devient stérile ;* mais, c'était ma raison qui calculait ces heures de récréation et de délassement. Une heure de promenade avec les écoliers sous la belle avenue qui mène

au château, et le soir, après mon dîner,
deux heures passées sous le grand chêne
ou au pied des saules qui bordent la rivière, il ne m'en fallait pas davantage,
et ces deux heures s'écoulaient vite en
conversations avec Pierre, Marianne,
sa mère ou Geneviève.

Je n'ai pas encore prononcé ce nom.
C'était celui d'une autre fille du pays,
mais qui y était venue habiter tout nou-
vellement avec sa mère. Or, je ne tardai
pas à m'apercevoir que je n'avais pas
oublié ma première devise *Tout nouveau
tout beau*, et cette nouvelle venue me fit
oublier Marianne, mon amie d'enfance.
Bonheur avec lequel mon père et ma
mère voyaient dans Marianne une douce
et prudente épouse pour moi, amitié
d'enfance, services que je devais à cette
fille excellente, j'oubliai tout pour faire
une faute, la dernière ; mais celle-là devait me coûter plus cher que toutes les
autres, et sans m'informer si Geneviève
était aussi bonne et sage que belle, je la

demandai en mariage à sa mère. En même temps, et ce fut le premier aveu de ce que me reprochait ma conscience, je m'éloignai de Pierre et de sa famille qui m'aimait tant; la folie et l'ingratitude allaient de compagnie.

J'étais à peine marié avec Geneviève, depuis un mois, lorsque sa mère mourut, laissant pour tout bien à sa fille un petit champ, une petite maison, aussi contiguë à la mienne et merveilleusement fournie de ce luxe des laborieuses campagnes, la toile entassée en piles sur les tablettes d'une haute armoire de noyer. C'étaient là les humbles annales de la vie de la mère de Geneviève qui avait filé tout ce trésor pendant les veillées de l'hiver ou en se reposant du travail de la terre. Aussi la quenouille et le rouet occupaient-ils, entre la huche noire comme l'ébène et la haute armoire, la place d'honneur de la salle basse.

C'est qu'en effet, la quenouille, le rouet, le fuseau ont toujours été les emblèmes de la femme laborieuse et fidèle aux soins intérieurs de la maison. Un des cadeaux qui se font aux mariées dans les noces de Bretagne, c'est une quenouille chargée de lin et enjolivée de rubans. La soie unie à l'humble chanvre, la parure de fête mariée au simple costume de travail, quel symbole plus frappant pour une fille qui entre en ménage!

Ma belle-mère avait laissé une quenouille à moitié filée, et je pensais que Geneviève achèverait la tâche de sa mère ; mais chaque soir, en rentrant à la maison, je trouvais toujours le fil au même point, toujours le rouet chargé d'un peu plus de poussière, et enfin, un jour que Geneviève était allée à la ville, quel fut mon étonnement, lorsqu'en revenant de tenir ma classe, j'aperçus à la place où étaient, le matin encore, la quenouille et le rouet, un miroir encadré très-richement au-dessus d'un élégant bureau d'acajou. « Voici une surprise que depuis longtemps je voulais te faire,

me dit-elle, en me montrant ses acqui-
sitions. Cette chambre sera notre salon
à l'avenir, et de la maison tu feras un
cabinet de travail.

— Un salon! un cabinet! ah! mon
Dieu, me dis-je, où Geneviève a-t-elle
appris ces grands mots? » Je commençais à voir que Geneviève, avec ses
goûts de luxe et de dissipation, exer-
cerait une fatale influence sur le ménage,
et je craignis sérieusement que l'on ne
pût pas dire d'elle comme de Marianne:
Femme bonne vaut une couronne.

Marianne! je n'osais plus la regarder en face, tant je sentais de plus en
plus vivement combien je m'étais mal
conduit envers elle. Oh! j'en étais déjà
châtié! Tandis que je voyais mes affaires
se troubler de plus en plus par l'effet du
désordre de Geneviève, j'entendais raconter de toutes parts que chaque journée accroissait l'aisance de la maison de
Pierre, que Marianne dirigeait avec un
ordre et une économie dont mon père

et ma mère avaient voulu m'assurer le bienfait.

Pendant que je faisais tout bas ces réflexions, Geneviève, en passant et repassant devant son miroir s'y contemplait avec complaisance à chaque allée et venue.

« J'en étais bien sûre, disait-elle de l'accent du triomphe; tu trouves notre glace jolie. Qu'elle fait bien là! Comme elle est bien placée à l'endroit où étaient ce vilain rouet enfumé et cette ennuyeuse quenouille! » Si je n'avais pas eu pour elle une faiblesse aussi funeste que celle que l'on a pour les enfants parce qu'ils sont gentils et nous amusent, je lui aurais dit que parler ainsi de ce que sa mère avait tant aimé, c'était une impiété qui devait porter malheur.

Mais elle, toujours de plus en plus ravie, elle me faisait admirer ses emplettes, et chacun de ses témoignages d'enthousiasme était pour elle une nouvelle occasion de se mirer. Aussi ne pusje m'empêcher de me rappeler le dicton de sa laborieuse mère : *Femme qui trop souvent se mire guère ne file.*

7.

Un peu, répété souvent, fait beaucoup.

Cet élégant bureau d'acajou, cette glace si bien encadrée d'une fraîche dorure furent pour notre nouveau ménage, qui aurait dû songer à l'économie et à la prévoyance, une source de dépenses infinies. Un jour, Geneviève s'apercevait que la commode était bien vieille, bien laide, et n'allait plus avec la glace. En vérité, je ne pouvais en disconvenir, et traitant sans respect le simple mobilier de mon père et de ma mère, je remarquais tantôt que la table jurait avec ce meuble élégant, tantôt que les chaises étaient bien usées. Malheur à nous, alors! Dès le lendemain, Geneviève allait à la ville, et je voyais arriver, tel jour une commode en acajou, tel jour une table ou des chaises nouvelles, mais je voyais en même temps ma bourse se dégarnir. Déjà le produit de ma récolte était épuisé et les économies laissées à Geneviève par sa mère diminuaient grand train.

Et ce luxe auquel nous nous laissions aller n'avait pas seulement l'inconvénient de nous causer une dépense bien inutile, en vérité, dans un bourg, et bien ridicule de la part d'un malheureux demi-cultivateur, demi-maître d'école. Elle nous attirait de tous les côtés des envieux. Je ne pouvais passer sur la place de l'église, dans les petits chemins creux ou sur la pelouse, en sortant de donner mes leçons à l'école, sans entendre chuchotter les voisins ou les voisines :

« Avez-vous vu le mobilier de Louis? — Louis! dis donc monsieur Louis, c'est un monsieur actuellement! » et moi, à qui chacun faisait si bonne mine autrefois, je voyais sur toutes les figures un sourire moqueur à mon approche. Quant à Geneviève, lorsqu'il lui arrivait à l'oreille quelques-uns des propos ironiques que notre luxe lui attirait indirectement de la part de nos voisins :

« Bah! ce sont des avares! » Voici tout ce qu'elle répondait avec dépit aux avertissements qu'ils lui insinuaient avec plus ou moins d'adresse.

Les avares! Certes, je les eus toujours en horreur. Qui dit avarice dit absence de toute charité, puisque l'homme ne peut être charitable qu'en donnant, et que donner est une chose inconnue à l'avare : mais les années m'ont appris que souvent ce que l'on flétrit du nom d'avarice, c'est l'économie et la prévoyance, sœurs de la charité, puisqu'elles viennent à son aide ; vertus admirables et qui nous sauvent de bien des malheurs. Je commençais à comprendre cette différence, mais la faire sentir à Geneviève me fut impossible. Douée de qualités aimables, gaie, douce, elle n'avait pas la vertu qui préserve de la ruine les individus comme les peuples, l'ordre, qui nous est enseigné par la création entière.

Je n'avais trouvé qu'un moyen de rendre sensible au cœur de Geneviève le bienfait de cet ordre qui, réglant et diminuant les dépenses du ménage, permet de faire le bien et d'exercer la charité, la charité l'un des plus chers besoins de l'âme vraiment chrétienne. Vers la fin d'une brûlante journée d'août, au milieu d'un orage pareil à celui qui répand en ce moment sur nos terres ses eaux bienfaisantes, la foudre était venue frapper mortellement un de nos voisins, et laissait sur la terre un orphelin âgé de huit ans au plus. C'était là un appel fait à la charité de tous, et je m'empressai de dire à Geneviève qu'il fallait, d'accord avec les habitants riches ou aisés du bourg, soutenir Théophile jusqu'à ce qu'il fût en état de gagner sa vie ; Geneviève adopta avec empressement cette idée, car, je le répète, elle avait bon cœur, et j'allai tout aussitôt faire les démarches dont j'avais eu la première pensée. J'eus le bonheur de me voir bien accueilli de tous, et rentrant le soir près de Geneviève :

« Dieu soit loué ! lui dis-je, le cœur plein d'une douce joie, Théophile a trouvé de tous côtés des pères et des mères, et c'est nous qui l'élèverons avec ce que chacun de ses bienfaiteurs nous remettra pour lui. Nous apporterons, bien entendu, notre part dans ce petit trésor de charité, et je compte que tu auras, à l'avenir, de l'ordre, de l'économie, toutes les vertus d'une bonne ménagère, pour nous mettre à même de faire à cet enfant le plus de bien possible. Nous n'en serons pas plus pauvres, car tu sais le proverbe : *Jamais donner pour Dieu n'appauvrit l'homme,* et faire l'aumône, exercer la charité, c'est bien donner pour Dieu. »

Geneviève me répondit de l'accent le plus sincèrement ému, car elle accueillait les observations avec toutes les apparences d'une attention parfaite, mais, légère et frivole, elle les oubliait tout aussitôt. Cependant je la crus un instant corrigée, car j'avais remarqué souvent que des âmes honnêtes et droites, mais un instant égarées, étaient revenues tout à fait au sentiment du bien en s'imposant l'accomplissement d'un devoir, et quel devoir plus pieux que celui que nous avions contracté envers l'orphelin?

Le ciel nous envoya bientôt mon fils aîné Étienne; le jour où il vint au monde, il n'y eut dans la maison que joie et bonheur. Nous prospérions; ma Geneviève, qui ne filait plus depuis que le mi-

roir avait remplacé le rouet, travaillait
du reste habilement à l'aiguille. De plus,
elle enseignait à lire aux petites filles,
et, quant à moi, je voyais s'accroître le
nombre de mes élèves, le total de mon
revenu, par conséquent ; puis nos
champs avaient été d'une fertilité admirable, et pourtant j'éprouvais un tour-
ment vif, renouvelé chaque jour, incessant.
Il m'était, on le pense bien, impossible
de mettre le pied dans l'unique rue du
village sans rencontrer Pierre, Marianne
ou sa mère, et plus ces rencontres avaient
lieu, plus j'éprouvais devant ces anciens
amis un profond sentiment d'embarras
et de gêne. C'est ainsi que la conscience
nous avertit que nous sommes coupables
Je tâchais de me cacher ou de m'éloigner
quand je les apercevais de loin, pour
que mes regards ne rencontrassent pas
les leurs. De plus, Geneviève, un jour
où elle avait fait une dépense folle,
m'ayant entendu vanter l'économie de
Marianne, avait vu un reproche dans

cette comparaison, et, depuis ce temps, la poursuivait de son antipathie. C'était là une position intolérable ; aussi, un jour, en apprenant que Pierre et Marianne allaient prendre une ferme loin du bourg, je me sentis soulagé et je respirai à l'aise.

Oh! quiconque m'aurait dit, il y avait deux ans, qu'un jour viendrait où je me trouverais heureux de ne plus voir Pierre et Marianne, je lui aurais répondu qu'il me calomniait. Cette réflexion me fit sentir à quel point ma conduite avait été coupable.

Geneviève, que j'avais crue corrigée, était du reste bien loin de l'être. Plus nous allions, moins elle était laborieuse, plus elle dépensait pour sa toilette. La fête du pays ne revenait jamais sans qu'il lui fallût des parures nouvelles, puis un dîner fastueux, table ouverte enfin, et je tremblais pour notre bourse quand une noce se préparait dans le bourg.

A coup sûr, elle s'arrangeait de façon à ce que son enfant, Théophile et moi, nous ne manquassions de rien, mais je trouvais qu'en faisant face à toutes les dépenses de l'intérieur, elle aurait pu mettre de côté quelque chose et nous préparer ainsi des ressources pour les maladies, les récoltes mauvaises, les malheurs qu'il faut toujours prévoir soit pour les autres, soit pour soi-même.

« Geneviève, lui disais-je, il me semble que tu ferais prudemment de mettre chaque jour à part quelque petite somme.

— Je le voudrais bien, Louis, mais... nous avons des charges, et puis, que pouvons-nous mettre de côté? Un franc... deux francs par-ci, par-là.

— Eh bien ! deux francs et deux francs font quatre et...

— La belle économie ! me répondait-elle avec autant d'impatience que de légèreté. Est-ce que nous ne sommes pas jeunes? Est-ce que nous n'avons pas le temps d'épargner? Est-ce que nous ne sommes pas bien portants ?... et puis... ajoutait-elle, épargner pour si peu!

— Si peu! ne sais-tu donc pas, lui répliquai-je un jour, qu'*un peu, répété souvent, fait beaucoup?* C'était là un proverbe de mon père, et je n'oublierai jamais comment il le fit comprendre à un de ses écoliers : c'était Pierre, le frère de notre bonne Marianne. Pierre ne pouvait concevoir ce proverbe, attendu qu'il avait des dispositions à la prodigalité.

« Un peu, souvent répété, fait beaucoup! s'écriait-il, toutes les fois que mon père lui dictait ces paroles pour exemple d'écriture. J'aurais beau répéter trente-six fois *un peu,* est-ce que cela ferait jamais *beaucoup?* »

C'est en vain, que de son côté, la mère de Pierre, femme éminemment économe, essayait de lui faire entendre ce que signifie ce dicton, et, enfin, elle vint un jour en causer avec mon père; ils s'entretinrent quelque temps à voix basse, et, en la reconduisant, il lui dit :

« C'est bien, laissez-moi faire ; » puis, la classe terminée, il appela son rétif écolier.

« Demain, lui dit-il, tu m'apporteras un peu de blé, entends-tu ?

— Oui, Monsieur. » Et le lendemain matin, au moment de partir pour l'école, il dit à sa mère :

« Maman, monsieur Louis m'a chargé de lui apporter un peu de blé ce matin.

— Soit. Va au grenier, et prends-en une poignée au tas. »

Il monta en effet et remplit sa main de blé qu'il remit ensuite à mon père.

« Bien ! mon ami. » Et mon père, prenant cette petite provision, la mit dans la chambre voisine, puis, quand vint le soir, il recommanda de nouveau à l'enfant d'apporter le lendemain un peu de blé, et cette nouvelle poignée, mon père l'ajouta à la poignée de la veille, en en demandant une autre pour le jour suivant.

Un mois se passa ainsi, et mon père demandait chaque jour un peu de blé, chaque jour son élève lui en donnait sa main pleine, lorsqu'un matin nous le vîmes entrer toujours avec sa petite provision :

« En voilà assez, lui dit mon père. Je finirais par vider votre grenier.

— Oh ! bah.... Monsieur , répondit Pierre..., vider le grenier pour si peu !

— Si peu ! mon ami... Viens voir, viens voir tout ce que tu m'as apporté et qu'il faut que je fasse rendre à ta mère. »

Alors, le menant dans la pièce voisine, et nous appelant aussi afin que la leçon servît à tout le monde :

« Tiens, Pierre, voilà ton blé. »

Pierre resta stupéfait devant un boisseau bien rempli.

« Quoi ! Monsieur, est-il possible ?.. C'est moi qui ai apporté tout cela ?

—·Un peu un jour, un peu l'autre , un peu chaque matin, cela fait beaucoup, tu le vois. N'oublie jamais ce précepte,

et jamais tu ne seras pauvre, parce que
tu auras économisé et fait, petit à petit,
une provision pour les jours de ta vieillesse. »

8.

La frugalité et l'industrie sont de bonnes servantes au logis.

Lorsque j'eus raconté à Geneviève la leçon d'économie que je viens de vous dire, je m'aperçus bien que mes paroles étaient vaines. Elle en prit de l'humeur, murmura et faillit presque se fâcher, comme il arrive à ceux qui se sentent dans leur tort. Ce n'était du reste pas la première fois que je m'apercevais d'un changement survenu dans son caractère. Elle n'était plus, comme dans les premiers temps de notre mariage, douce et prévenante. Elle me brusquait, me boudait; il fallut bien enfin que je reconnusse que je m'étais complètement trompé et que pour m'être trop pressé, pour n'avoir pas pris le temps de la connaître, je devais souffrir à jamais de son mauvais caractère ; si je disais un mot contre ses caprices, elle se montrait revêche, obstinée, presque méchante.

Je ne tardai pas toutefois à connaître la cause de l'humeur que m'avait montrée Geneviève, lorsque je lui prêchais l'économie : c'est qu'en ce moment-là même elle méditait une dépense nouvelle, permanente, et allait m'en entretenir : elle voulait prendre une domestique. Ce n'était pas la première fois qu'elle me parlait de ce projet, mais aujourd'hui elle semblait me faire part d'une résolution.

« Songes-y bien, Geneviève ! tu as donc oublié que ta laborieuse mère te disait souvent : *La frugalité et l'industrie sont de bonnes servantes au logis.* Réfléchis bien au parti que tu veux prendre, il est plus sérieux que tu ne le crois. Dans huit jours nous en reparlerons. »

Or, le huitième jour, dès le grand matin, les deux cloches de l'église de Montigny sonnaient à grande volée; plus tard, on tendait les maisons, on jonchait d'herbes et de fleurs la grande rue, comme pour la Fête-Dieu. Ce beau jour était-il donc arrivé ? non point ; il s'agissait cependant d'une grande fête ; on attendait Monseigneur, alors en visite diocésaine, et, à dix heures, le petit clergé du bourg, augmenté de celui de chacune des paroisses environnantes, alla au-devant du vénérable évêque et le ramena en pompe à l'église.

Or, après la messe solennelle et sa visite au curé, il voulut aussi voir le maître d'école et nous ensuite. Quel honneur pour notre maison ! Monseigneur daigna en franchir l'humble seuil. Quant à Geneviève, elle était loin d'être simple, et s'attendant, je ne sais par quel instinct, à la visite que je n'aurais jamais osé espérer, elle avait revêtu ses plus magnifiques parures.

L'évêque était, au contraire, de la simplicité la plus parfaite, et en nous envoyant cette visite si honorable, il semblait que le Ciel voulut donner à ma femme une imposante leçon, car au moment où l'évêque se levait pour nous quitter, Geneviève lui ayant dit : « Monseigneur, je vais appeler vos domestiques.

— Mes domestiques ! Madame, lui répondit-il, mes domestiques, les voilà ! en parlant ainsi, il déployait ses dix doigts, et, poursuivit-il, je n'ai jamais été mieux servi que par eux (1). » Le pieux prélat sortit en prononçant ces sages

(1) Paroles de M. de Cheverus, mort archevêque de Bordeaux.

paroles, et je dois convenir que Geneviève parut les comprendre. Elle les
écouta du moins avec respect, et je n'entendis plus parler de servante jusqu'après
la naissance de Jean, mon second fils.
Elle me dit alors qu'elle ne pouvait plus
se passer d'une domestique ; je pensais,
moi, que, bien portante et robuste comme
elle l'était, elle préférerait avoir un peu
plus de fatigue, à la gêne constante
qu'une domestique allait causer chez
nous : mais, quoiqu'elle ne fût pas toujours aimable, je l'aimais trop pour la
contrarier lorsqu'elle me disait qu'elle
n'aurait pas la force de faire seule son ménage, et je me soumis à ce qu'elle voulait.

Dès le lendemain, une étrangère entra
donc dans l'intérieur de notre ménage.
Cette familiarité intime que l'on n'accor-
derait qu'avec peine à un ami de longue
date, une servante l'acquit sur-le-champ.
Si elle n'était pas une ennemie, elle était
du moins une mercenaire qu'aucun intérêt n'attachait à nous.

Nous nous aperçûmes bientôt à notre dépense qu'il y avait au logis une servante qui n'était pas la frugalité, car elle était gourmande à l'excès et vivait chez nous comme un étranger en pays conquis. Elle n'était point non plus l'industrie, car elle ne savait rien faire, et tout se brisait entre ses mains, tellement que la vaisselle disparaissait à vue d'œil.

Il fallait que cela fût bien fort, pour que Geneviève elle-même s'en aperçût et s'en plaignît ; mais notre domestique Madeleine avait su flatter sa maîtresse par le point le plus sensible au cœur des mères : elle feignait d'adorer nos enfants, et j'avoue que moi-même je me pris à cette flatterie, quelque grossière qu'elle fût. C'est qu'on est toujours sûr de réussir lorsqu'on s'adresse à une passion, et c'était une passion que mon amour pour Etienne et Jean.

Bref, en dépit d'inconvénients si graves, Madeleine devint une seconde maîtresse au logis, et moi, occupé de mon champ ou de mes livres, je ne fis, pour mettre obstacle à ses empiètements, pas plus d'efforts que je n'en avais fait pour comprimer les penchants dispendieux de Geneviève ; je payai cher cette faiblesse.

L'économie fut donc plus que jamais impossible à la maison, et cependant, la prévoyance, la prudence, toujours de saison, ne l'auraient jamais été plus qu'à l'époque de bouleversement où nous nous trouvions et dont les retentissements ne pouvaient que venir ébranler les plus humbles fortunes. Déjà, en 1814, une révolution profonde avait eu lieu.

Une révolution nouvelle venait de s'accomplir le 20 mars 1815, et tout annonçait qu'une troisième secousse était imminente, tout l'annonçait, du moins pour moi, parce que je lisais les journaux de Paris chez le maire ; mais rien au village ne faisait d'ailleurs pressentir un grand ébranlement. Tout y était calme, pur, frais comme autrefois. Les paysans se levaient, comme à l'ordinaire, au point du jour, lorsque la prière de l'Angélus se répandait dans l'air sanctifié par le mélodieux son de la cloche, et à ce même son pieux, ils revenaient de leurs travaux. Chaque matin, le cornet du pâtre appelait les bestiaux vers les bas prés couverts de l'herbe la plus grasse, et chaque soir, vaches et ânes revenaient à l'étable derrière le pâtre donnant joyeusement de sa trompe, plus douce à entendre que la trompette du champ de bataille. Tout suivait son ordre accoutumé. La première des deux fêtes du bourg, la Saint-Barnabé, revint donc aussi belle, aussi fleurie, aussi animée que les années précédentes Les préparatifs que l'on terminait sur la pelouse faisaient présager pour le lendemain une joyeuse journée, et le ciel le plus pur annonçait aussi qu'elle serait favorisée par un temps que la fête d'aujourd'hui n'aura point.

Le lendemain, dès le matin, tout le village était en parure : les jeunes filles avaient des robes aussi blanches que les haies d'épine du chemin creux, et à la blouse des jours de travail avait succédé, sur le dos de tous les paysans, la veste de gros drap bleu des dimanches, couleur qui faisait d'autant mieux ressortir l'écarlate des jupons des mères de famille. Vers la fin du jour, qu'il était joli de voir la foule se presser sur la pelouse devant le tableau du spectacle forain, où allait bientôt commencer la première représentation du débarquement de Napoléon à Cannes, le grand événement de l'époque! Quelques groupes, épars sur la prairie ou sur la lisière du petit bois, regardaient en se promenant cette scène si animée.

Enfin, le tambour et la grosse caisse, formant un accord aussi parfait que possible avec la trompette, venaient de frapper l'air en même temps, lorsque chacun de nous se retourne d'un seul mouvement vers la route. Le triple galop d'un cheval, au milieu de ce calme, avait causé le saisissement que tout le monde témoignait.

C'était un aide-de-camp qui arrivait avec cette précipitation.

Il s'arrête court devant la maison commune, s'élance et franchit le perron en deux enjambées.

Que vient-il faire à la mairie? cette question sortit de toutes les bouches, et dès lors il ne fut plus question de fête ni de danse. Des groupes sérieux et inquiets se formèrent de tous les côtés, et bientôt la commune tout entière était en foule à la porte de la mairie pour savoir au plus tôt ce qui se passait à l'intérieur.

9.

Quand le puits est à sec, on sait ce que vaut l'eau.

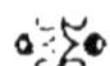

Au bout de quelques minutes, on sut quelle était la mission de cet officier, et tous les amusements suspendus ne recommencèrent point. Qui aurait eu le courage de se divertir lorsque la France était menacée par toute l'Europe? Le tambour, qui tout à l'heure annonçait le spectacle, fut adjoint au tambour municipal pour parcourir le bourg, suivi du maire, qui proclamait que tout Français capable de porter les armes devait les prendre sur-le-champ pour marcher contre l'étranger. Le trompette de la parade fut le premier à sonner le boute-selle, car il avait autrefois exercé ces retentissantes fonctions à la tête d'une compagnie de hussards.

Le lendemain, la garde nationale, dont j'étais un des officiers, reçut l'ordre du départ, et tout le monde obéit sans murmure à cet ordre. Geneviève fut bien triste sans doute, en ce moment. Elle avait beaucoup pleuré avant l'heure de l'adieu, je le vis à ses paupières rouges et gonflées, mais, du moins, elle eut le courage de se dompter en ma présence et de ne pas me montrer des larmes qui auraient pu me rendre faible et moins résolu dans l'accomplissement d'un si saint devoir que la défense de la patrie.

Je partis donc, après avoir bien des fois embrassé Geneviève, Etienne et mon petit Jean, qui avait quelques mois à peine.

« Adieu, femme, lui dis-je! adieu....

— Adieu, mon ami, » répondit-elle en m'embrassant.

Nous n'osions nous dire *à revoir*.

Nous nous revîmes plus tôt que nous ne le pensions, notre détachement avait été obligé de se replier devant un ennemi dix fois plus nombreux que nous.

L'histoire vous racontera mieux que je ne le pourrais faire, les rapides catastrophes à la suite desquelles nous rentrâmes un matin, dispersés, poursuivis de toutes parts. Accablé de fatigue, de tristesse surtout, je me jetai dans les bras de ma femme, je pris mes enfants à mon cou, puis, je tombai à genoux pour implorer la miséricorde divine. Le bourg ne pouvait, suivant toute apparence, éviter l'attaque, l'incendie et le pillage. On entendait à peu de distance de vives fusillades, et le canon grondait à divers points de l'horizon.

Après un jour consacré à des prières publiques, que prononça M. Éloi, la nuit nous prit dans cette attente, et qu'elle fut affreuse ! Quelle anxiété j'éprouvais à l'aspect de ma pauvre Geneviève, tenant sur son sein son nouveau-né, tandis que Théophile tremblait dans un coin de la chambre, car Théophile était passablement poltron, et sa terreur ne pouvait qu'être augmentée par les lamentations pleines d'effroi de notre servante Madeleine. Étienne seul dormait dans son petit berceau avec un calme qui redoublait mon trouble ; à tout moment, je m'attendais à voir notre maison envahie, mon cher Étienne massacré, son frère frappé du coup mortel dirigé contre le sein de sa mère.

Notre nuit fut bien cruelle, bien longue, au milieu de telles angoisses ; enfin Dieu nous protégea. Le village ne fut point attaqué. Des nouvelles arrivées de

Paris le matin, mirent fin à toutes les hostilités, mais à présent, allaient venir les suites de la guerre. Il nous fallut supporter les charges accablantes qu'entraîne toute invasion armée. Ainsi que tous les autres habitants du bourg, nous eûmes à héberger plusieurs soldats prussiens dont il fallait subir les brutales exigences. De plus, notre servante Madeleine profitait du gaspillage que causait la présence des étrangers, pour gaspiller plus à son aise.

A la dépense que nous causaient ces hôtes avides et pillards, il vint s'en ajouter une autre. Tous les gens riches du bourg avaient été chercher un asile dans Paris, et la pension de Théophile n'était plus payée par eux : quant aux habitants qui étaient restés et coopéraient naguère à cette bonne œuvre, la misère du temps les empêcha de continuer, et nous eussions bien, en vérité, pu alléguer la même raison. Je n'avais presque plus d'écoliers, nos moissons avaient été complétement dévastées sur pied. Des cavaliers campaient au milieu de nos champs, et les deux vaches, dont le lait était une ressource de chaque jour pour le ménage, avaient été enlevées par des cosaques tandis qu'elles étaient à paître. Nous n'avions donc plus rien, et c'est alors que Geneviève commença à sentir le tort qu'elle avait eu de ne pas économiser. Plus d'une fois il fallut qu'elle allât à la ville pour vendre un à un les massifs couverts d'argent que nos parents nous avaient laissés.

Qui achète ce qu'il ne peut, vend ensuite ce qu'il ne veut. Je ne sais quel sage a dit cette parole, mais combien elle est sensée ! Bien des prodigues en ont fait l'épreuve depuis des siècles, et Geneviève, et moi par conséquent, nous l'apprenions aussi à notre tour. Le fer remplaça bientôt l'argent de nos cuillers et de nos fourchettes.

Ma pauvre femme paraissait consternée, et moi qui n'avais pas su la blâmer quand elle nous poussait avec légèreté et insouciance à notre ruine, comment, aujourd'hui qu'elle était accablée à ce point, aurais-je pu lui adresser des reproches inutiles? Je m'efforçais au contraire de la consoler, de lui donner du courage.

Or, une après-dinée surtout, Geneviève était d'une morne tristesse ; elle avait porté le matin à la ville quelques bijoux pour les vendre, et était revenue désolée: je sus bientôt pourquoi ; au moment où nous sortions de table, un homme entra dans la salle, et lançant à ma femme un regard irrité : « Enfin, Madame, voici assez longtemps que vous me promenez, je veux que cela soit soldé sur-le-champ, entendez-vous bien ? » Et en parlant ainsi, il me présentait un long mémoire de rubans, de gants, de dentelles, que sais-je?

« Comment ! qu'est-ce que cela? » m'écriai-je, en regardant Geneviève. Elle baissa les yeux, et le marchand me notifia de nouveau qu'il voulait être payé à l'heure même. J'eus beaucoup de peine à obtenir de lui qu'il attendît au lendemain. Enfin, il y consentit.

« Qu'allons-nous faire, Geneviève ? dis-je à ma femme, dès qu'il fut dehors. Des dettes ! n'était-ce pas assez de notre pauvreté ? des dettes ! le déshonneur peut-être, car pourrons-nous payer ? — Hélas ! » murmura Geneviève en détournant la tête, et elle balbutia d'autres mots que je ne pus comprendre en ce moment : ce fut encore une sorte de bonheur, car j'aurais perdu la tête, et il fallait que je songeasse au moyen de tenir au marchand la parole que je lui avais donnée. Je réfléchissais donc en silence sur ce coup qui venait de me frapper ; de temps à autre je sentais, pour la première fois, des mouvements de colère contre ma femme, et je l'aurais peut-être accablée de reproches bien durs, lorsque mon petit Étienne, gai comme on l'est à son âge, se précipita sur mes genoux, et il avait à la main un livre tout grand ouvert.

« Oh ! quel beau livre tu as là, Étienne ! lui dis-je en souriant, bien que je n'en eusse guère d'envie. Qui te l'a donné?

— C'est ma grand'tante.

— Et qu'y a-t-il dedans?

— De belles images, de beaux contes aussi.

— Des contes? » lui répondis-je. Et, voulant rompre le tête-à-tête de Geneviève et de moi, et arrêter sur mes lèvres les rudes paroles qui allaient m'échapper: « Voyons, mon ami, ajoutai-je, lis-nous un des contes, mon petit Étienne.

— Oh! vous verrez comme je lis bien, » et il commença:

CONTE.

Il y avait une fois un bon vieux paysan qui s'appelait Matthieu, il vivait du produit de deux arpents de terre et de deux arpents de vigne. Il avait servi autrefois, et las de l'eau qu'il avait bu si longtemps dans les casernes, il jura, en rentrant au village, de ne jamais plus boire que du vin. C'était là une bien ignoble habitude; mais enfin il s'y livrait si bien, que sa récolte annuelle passait tout entière dans sa consommation.

« Vous avez bien tort, père Matthieu, lui disaient ses voisins; vous avez bien tort de boire ainsi toute votre récolte; si vous buviez une moitié d'eau, vous pourriez vendre une ou deux pièces de vin.

— De l'eau! moi, boire de l'eau! De l'eau, c'est bon pour des poireaux, des navets, des choux, et puis l'eau de nos puits n'est pas bonne. »

Or, chacune des maisonnettes du village avait un puits dont l'eau était très-bonne à boire. Maître Matthieu mentait donc pour excuser ses mauvaises habitudes. Un vice vient toujours au secours d'un autre.

« Maître Matthieu, vous avez tort de ne pas mettre de l'eau dans votre vin, lui disait le docteur; vous verrez que vous tomberez malade.

— De l'eau! docteur, y pensez-vous! De l'eau... Je la méprise. C'est bon pour les chevaux et les chiens. Moi, boire de l'eau! »

Et il buvait toujours son vin pur, si bien que tous les jours il était ivre, tous les soirs il devenait fou, il était un être sans raison, une brute, et les enfants du village couraient après lui en manquant de respect à son âge. C'était bien mal de leur part, et sans doute le bonhomme Matthieu aura à répondre devant Dieu du péché qu'il leur faisait commettre par ses excès.

C'est ce que le curé lui dit un jour en lui conseillant de boire de l'eau, mais il s'emporta plus violemment que jamais contre cette pure et salutaire boisson que le Créateur donna au premier homme.

« Père Matthieu, lui répondit le vieux pasteur, puisse Dieu ne pas vous punir de ce que vous maudissez un de ses plus grands bienfaits ! »

Le curé sembla bientôt avoir prédit juste. Le bonhomme Matthieu tomba malade, dépensa, pour payer le médecin, le peu d'argent qu'il avait ; puis une sécheresse horrible se déclara après un hiver qui avait gelé les vignes. Tous les puits du village, alimentés par des sources souterraines qu'absorbait la terre brûlante, allaient diminuant de jour en jour, et le puits du bonhomme Matthieu baissait comme les puits des autres.

Averti par la maladie grave à laquelle il venait d'échapper, et rendu sobre par la disette de vin, il commençait enfin à comprendre le prix de l'eau, faute de laquelle d'ailleurs allaient bientôt mourir les légumes qu'il portait au marché sur un âne; mais âne et légumes, tout périssait de soif. Ses voisins trouvaient encore le moyen d'arroser leurs jardins et leurs marais avec l'eau qu'ils envoyaient chercher sur des charrettes ou qu'ils allaient puiser à une petite rivière assez éloignée; mais le père Matthieu, épuisé par ses habitudes d'ivrognerie, n'avait plus assez de force pour aller quérir si loin des tonneaux d'eau; le père Matthieu, qui ne possédait pas cinq francs d'économie, ne pouvait pas payer un homme pour lui apporter de l'eau de la rivière, et lorsque tout brûlait dans son enclos, il disait: « Oh! que n'ai-je encore une feuillette de vin, je la donnerais de bon cœur pour quelques feuillettes d'eau. »

Il fallait voir alors l'air désolé du bonhomme, lorsque chaque matin il allait à son puits pour tirer de quoi arroser ses carrés et que le seau ne revenait qu'à moitié plein. Ce n'était pas là tout, le lendemain il était consterné, il n'avait pu remplir son seau que jusqu'au tiers seulement.

Et la chaleur augmentait toujours, et toujours l'eau diminuait, de façon qu'un matin le père Matthieu ne vit plus au fond de son puits qu'une bourbe épaisse qui se dessécha bientôt au soleil. Alors le bonhomme, désolé et sans ressources, mourant de soif comme ses légumes, regardait à travers ses larmes ce puits desséché dont il faisait fi quand il était plein jusqu'à la mardelle.

Le berger passant près de là, et le voyant, dit (car le berger était un homme d'expérience) : « Bonhomme Matthieu, quand le puits est à sec on sait ce que vaut l'eau. »

« *Moralité*, reprit Étienne après une courte pause. Ce conte s'adresse à ceux qui auraient pu économiser pour les mauvais jours, pour les temps de disette,

et ne l'ont pas fait, et se trouvent sans
ressource quand vient le besoin. »

Les reproches que je voulais adresser
à ma femme, le livre d'Étienne les lui
adressait d'une façon bien frappante :
aussi Geneviève me regarda-t-elle d'un
œil significatif, et le lendemain, en me
levant, je n'aperçus plus le miroir, mais,
à sa place, je vis la quenouille et le rouet.
Ma femme m'avait ménagé cette surprise
pour mon réveil : c'était une réparation,
et je lui en sus bon gré ; puis, dans la
journée la glace fut vendue pour payer le
mémoire que nous devions acquitter, et
j'eus la satisfaction de voir le soir même
Geneviève charger sa filasse et couvrir
le rouet du fil le plus fin que l'on eût jamais vu à Montigny.

10.

Débiteur, esclave.

Pourquoi la leçon que je viens de raconter n'avait-elle pas été donnée plus tôt à
Geneviève? Mais elle n'en aurait pas profité! Il faut donc que chacun fasse à son
tour un dur apprentissage de la sagesse?
Il serait pourtant si sage et si commode à

la fois, de suivre les avis de ceux qui ont souffert avant nous, et de recevoir d'eux une expérience qu'ils ont achetée bien cher! La rude main de la nécessité avait enfin poussé Geneviève au travail. De mon côté, je retrouvais des écoliers, les étrangers avaient cessé de peser sur nous, et, en ce moment même, une autre charge venait de nous être enlevée. Un matin, Théophile quitta la maison sans nous dire, en quelque sorte, un seul mot de remerciement. Son brusque départ était-il motivé par le désir de nous soulager?.. Était-ce simplement ennui de notre intérieur, ingratitude... Oh! la suite m'expliqua tout.

Ma femme et moi, nous n'aurions certainement point mis hors de chez nous l'orphelin que nous y avions abrité; mais il nous quittait de lui-même et nous ne le pleurâmes point. L'avenir se montrait donc moins triste pour nous: « Du courage, disais-je souvent à Geneviève.

Nous voici moins accablés de charges, avec du travail et de l'économie nous redeviendrons heureux et nous élèverons nos enfants; la terre est une bonne nourrice et notre champ n'est-il pas toujours là? » Je souriais alors à ma femme, mais je ne pouvais parvenir à lui faire partager mon espérance. Elle était toujours soucieuse, pensive, et un jour que je la pressais de questions pour savoir quel était donc le chagrin qu'elle me cachait : « Oh ! mon ami, me répondit-elle, en sanglotant : nous sommes perdus, perdus ! Je suis bien coupable... Voici plusieurs années que je prends presque tout à crédit à la ville ; mais les marchands, effrayés en nous voyant vendre notre argenterie, nos meubles, m'ont refusé tout crédit pour l'avenir, et aujourd'hui, demain, tout à l'heure peut-être, ils viendront réclamer ce qui leur est dû... Oh ! Louis ! que ne m'as-tu arrêtée sur cette pente où je glissais. »

Il faut toujours s'attendre à des reproches analogues de la part des gens avec lesquels on a été faible, lorsque cette faiblesse a amené les désastres qu'elle engendre toujours. Il n'est pas rare qu'un fils, perdu pour avoir été gâté, reproche à ses parents le fatal abandon qui l'a laissé tomber. Le blâme de Geneviève était donc mérité, et je le subis; puis, songeant aussitôt au moyen de payer la dette considérable dont j'ignorais l'existence, j'allai trouver le notaire pour qu'il annonçât sur-le-champ la vente d'une de nos maisons et de nos terres.

Mes créanciers, informés de cette circonstance, n'en accoururent que plus vite me trouver, et je vis, le lendemain, fondre sur moi les fournisseurs de toute espèce, les mains tendues, me demandant des sommes dont je n'avais pas le premier centime. Force me fut de solliciter du temps, et je n'en obtins qu'au moyen de lettres de change en vertu desquelles on pouvait me conduire en prison, si je n'étais pas en mesure de payer au terme fixé, et le délai était court ; mais j'étais tranquille sur ce point, car la vente serait faite bien avant l'échéance, je l'espérais du moins.

Pour trouver le carême court, fais une dette payable à Pâques. On croirait, en vérité, que ce proverbe fut mis pour la première fois par moi dans la circulation. Toutes mes lettres de change, souscrites le mercredi des cendres, étaient payables le lundi de Pâques, et c'est à partir du commencement du carême que j'entrai dans une suite d'angoisses qui eurent une bien triste issue.

Les affiches annonçant la vente de nos propriétés furent apposées dès le lendemain du mercredi des cendres, et tous les jours je me rendais chez le notaire pour savoir où en était une affaire d'un intérêt si puissant pour nous, tous les jours je rentrais morne et abattu. Il ne s'était présenté aucun acheteur, ou bien l'on offrait un prix si modique qu'il eût été insuffisant pour nous libérer. Nous ne pouvions nous décider à donner le patrimoine de nos pères pour une si faible somme, et, cependant, le notaire ne me laissait guère l'espérance de tirer un meilleur parti de ce bien. A la suite des désastres qui avaient accablé le bourg et toute la France, l'argent était rare. La pauvreté publique s'était accrue des effets de la plus déplorable année que ce siècle eût encore vue, et cela, à la suite de l'invasion de l'Europe armée. Les récoltes de toute espèce ayant pourri sur pied, tant la pluie avait été continuelle, la disette commençait à se faire sentir.

« Attendons, » disais-je au notaire ; mais plus j'attendais, plus le prix que l'on m'offrait était faible. J'avoue avec douleur, avec honte pour mes compatriotes, que l'on connaissait ma cruelle situation et que l'on en abusait.. Oh! je ne connais rien de plus odieux que ce calcul fait sur le malheur!

Quand vint la mi-carême, jour que nous fêtions si joyeusement les années précédentes, que nous fûmes tristes! « Déjà la moitié du terme écoulé! pas un acheteur! » C'est ce que nous disions amèrement, tandis que les bruits de la nuit de fête et de bal se faisaient entendre dans la rue. Tout à coup ces murmures de la folle gaieté sont interrompus par un cri long et sinistre: *Au feu! au feu!* C'était la maison que nous avions en vente qui brûlait, et malgré tous les efforts que nous fîmes, la sauver fut impossible.

Ainsi je perdais une des ressources sur lesquelles nous avions compté, et cet accident aggravait encore notre position si cruelle.

Le soir, dans la solitude et le silence, après qu'Étienne et Jean étaient endormis, nous échangions des réflexions bien douloureuses. Notre bonheur intérieur était tout à fait détruit; chacun de nous avait des reproches à s'adresser, et l'un et l'autre nous gardions au fond de notre pensée des paroles que nous nous efforcions de contenir. Dès lors plus rien de cet échange intime de tout ce que l'on a dans l'âme, douce confiance qui fait le charme d'un heureux ménage. Il y avait entre Geneviève et moi une gêne invincible. C'est qu'elle sentait enfin toute l'étendue des maux qu'avait attirés sur nous sa prodigalité, dont j'avais été le complice par ma coupable faiblesse. Le ciel punissait ainsi, je n'en doutais pas, mes fautes passées; mais Geneviève déplorait d'avoir été l'instrument des châtiments de Dieu.

Madeleine, cette servante si attachée à notre famille, du moins à l'en croire, vint, elle aussi, ajouter à notre détresse. Depuis longtemps ma femme avait cessé de la payer exactement, et cette fille ne s'en était jamais plaint; mais quand elle vit notre embarras, elle déclara qu'elle voulait avoir son argent aux fêtes de Pâques, et quoique ses gages de chaque mois ne fussent pas élevés, ainsi accumulés ils formaient une assez grosse somme : Geneviève apprit là, par un bien frappant exemple, comment un peu, répété souvent, fait beaucoup.

Et la semaine sainte s'avançait. Cette semaine, que les vieux écrivains français nomment la *semaine peineuse*, fut bien, en effet, remplie de peines pour moi. Je ne dormais plus, je ne pouvais même me tenir en repos. Une fièvre continuelle me dévorait, et tous ceux qui me rencontraient dans les ruelles du bourg, où je ne paraissais que pour courir chez le notaire, tous me disaient : « Mon Dieu ! Louis, que vous êtes maigre ! »

Oh ! je sentais bien à mes douleurs cachées qu'elles devaient, tant elles étaient violentes, se faire jour et se révéler en signes extérieurs. Ma pauvre Geneviève me faisait peine aussi, car je la plaignais plus que je ne lui en voulais du mal que nous endurions, et lorsque je la voyais, le matin, le soir, le front penché sur le berceau de son petit Jean et le couvrant de larmes, j'aurais presque pleuré avec elle.

Déjà le jeudi était passé, et dans quatre jours les lettres de change allaient se présenter menaçantes et inexorables. Il n'y avait plus à balancer et je courus le lendemain matin chez le notaire : « Traitez au plus tôt, à quelque prix que ce soit. Il faut absolument que j'aie cet argent lundi dès le matin. » Le notaire fit sur-le-champ appeler l'acheteur. Le contrat fut dressé tout aussitôt, et je le signai en retenant avec peine une larme.

Le dimanche soir, l'argent me fut donc remis. Hélas ! le bien de nos pères, ces champs qui avaient occupé toutes leurs journées, qui les avaient fait vivre ainsi qu'une longue suite d'ancêtres, ils devenaient la propriété d'un autre. Nos enfants étaient déshérités du bien de leurs pères ! Que nous avions le cœur gros, lorsqu'en faisant ces réflexions déchirantes, nous comptions une somme qui ne pouvait solder toutes nos dettes.

Madeleine payée et hors de la maison, la part de chacun des créanciers faite, il restait à acquitter un billet de six cents francs ; mais il était entre les mains d'un homme riche et qui passait pour moins avide que les autres. J'espérai donc que j'obtiendrais de lui un nouveau délai, et, le cœur moins torturé, je dis bonsoir à Geneviève en lui disant : « Mon amie ! nous sommes pauvres désormais. Mais, aimons-nous, travaillons bien, élevons nos enfants dans la crainte de Dieu, dans l'amour de la vertu, et nous aurons conservé le bien le plus précieux. »

Je m'endormis sur ces consolantes paroles, et le lendemain, à midi et une minute, j'entendis se lever le loquet de la porte à claire-voie qui sépare notre petite cour de la rue du village. C'était l'épicier de la ville qui arrivait, sa lettre de change à la main. Elle passa bientôt dans la mienne, grâce aux écus que je lui comptai ; puis vint le marchand de toile et de nouveautés dont le billet était fort, car vous savez que ma pauvre femme aimait la toilette, voilà pourquoi le mercier avait aussi un compte très-élevé.

Enfin, tout était payé ! Je me sentis débarrassé de bien lourdes chaînes, car il n'est pas de plus triste esclavage que celui que subit un débiteur, et je sentis mieux que jamais la force de ces mots : *débiteur, esclave*, lorsque je me vis libéré, c'est-à-dire redevenu libre. Je n'attendais plus qu'un billet, et celui-là, j'avais l'assurance de le pouvoir renouveler pour un long terme. Cependant mon cœur battit lorsque j'entendis la porte s'ouvrir.

O terreur ! le porteur de la lettre de change n'était point l'homme à qui je l'avais souscrite, mais bien un habitant de la ville à qui il l'avait passée en partant pour un autre pays. Or, cet homme était d'une inflexible dureté, disait-on, et je reconnus bientôt que la voix publique n'était pas menteuse. Mes supplications, les larmes de Geneviève, les cris de mes enfants qui pleuraient parce qu'ils voyaient leur mère pleurer, rien ne le toucha, ne l'émut le moins du monde, et il me déclara que si le lendemain à midi, il n'était pas payé, il se mettrait en mesure d'exercer la contrainte par corps, c'est-à-dire de me jeter en prison.

« En prison ! s'écria Geneviève ! en prison, mon Dieu ! Oh ! que l'on me prenne plutôt ! que l'on m'emmène ! que mes enfants ne perdent pas leur père, c'est moi qui suis coupable. » Puis, à cette émotion violente succéda en elle un mortel abattement. « Que faire!... plus rien à vendre ! plus un bijou ! plus un meuble! » et alors, s'exaltant de nouveau par la douleur. « O mon ami, me disait-elle, ne me maudis pas, je t'en prie, je ne veux pas que tu ailles en prison, je travaillerai toutes les nuits pour avoir cet argent... oui, toutes les nuits. »

La malheureuse oubliait qu'elle était souffrante, sur le point de devenir mère encore, et qu'il lui serait impossible de veiller. Quel moyen employer pour nous tirer de cette détresse? Avoir recours aux habitants du pays? mais ils étaient aussi pauvres que nous, et de toutes parts de malheureux mendiants traversaient le village pour aller chercher dans les villes la subsistance que les campagnes leur avaient refusée, et il fallait bien les nourrir au passage. Je fis cependant quelques démarches, mais, ainsi que je l'avais prévu, on eut pour moi beaucoup de paroles de compassion, de l'argent, point; et ce n'était pas ici insensibilité ou mauvais vouloir, c'était impossibilité absolue.

Une autre chose m'inquiétait beaucoup plus que la prison qui me menaçait, c'était l'effet trop fatal que ces secousses multipliées, incessantes, pouvaient exercer sur Geneviève, alors, vous le savez, sur le point de mettre au monde un autre malheureux.

« Oh! si je n'avais pas traité si mal mon ami Pierre! » C'est ce que je me dis alors bien souvent, car, je comptais sur son amitié, bien que j'en fusse si indigne. J'avais meilleure opinion de lui que de moi-même ; mais comment aurais-je osé demander un service à un homme à l'égard duquel ma conduite fut si odieuse? Je n'aurais pu voir Marianne, qui était à présent et depuis longtemps l'heureuse femme de l'associé de son frère, sans me rappeler plus vivement encore que mon malheur actuel venait de ce que j'avais oublié le vœu de mes parents, reflet d'une volonté de Dieu.

Pendant nos hésitations, nos incertitudes, les journées se passaient : livré à de continuelles tortures, je n'avais plus guère l'esprit présent, mes leçons à l'école s'en ressentaient, et pour comble de détresse, je redoutais de devenir incapable de ce travail, de perdre ainsi ma dernière ressource. Je me décidai à faire encore une tentative près de mon créancier ; je lui fis le tableau le plus pathétique, et malheureusement le plus vrai, de l'état de santé dans lequel était ma femme. Je lui dis qu'il pourrait arriver qu'il eût à répondre devant Dieu d'une catastrophe épouvantable, la mort de la mère, la mort de son enfant ; puis, voyant que je m'adressais vainement à son cœur, j'essayai de parler à sa raison sèche et calculatrice. « Quand ce ne serait que dans votre intérêt, Monsieur, accordez-moi le délai que je vous demande. Tous ces frais dont vous m'accablez rendent ma dette plus difficile à acquitter encore. Si vous me laissez livré à de continuels tourments, et, de plus, si vous me faites enfermer, comment voulez-vous que je travaille pour vous payer ce que je vous dois? »

Cette raison, qui était la plus simple du monde, fit enfin impression sur lui et il m'accorda le délai que je sollicitais, mais avec une mauvaise grâce et un ton d'humeur qui ôtaient à cette action tout le mérite d'un bienfait.

Enfin j'étais, sinon heureux, du moins tranquille, et presque joyeux dans ma misère ; je revenais à la hâte vers Montigny pour calmer ma pauvre femme, lorsque, un peu en avant des premières maisons du bourg, une bonne vieille que je rencontrai m'arrêta, me dit que Geneviève était malade, qu'elle était même en péril, après avoir, pendant mon absence, mis au monde ma petite Eugénie. »

Ici, un long soupir se fit entendre dans l'auditoire attentif, et chacun se retourna vers Marianne, car c'était elle qui venait de donner cette marque d'un intérêt si profond.

11.

Agréable interruption.

Une autre interruption , et celle-ci plus
intéressante pour les petits auditeurs du
bonhomme Louis , vint suspendre sa narration au moment le plus pathétique. Un
mouvement général se fit sur les bancs :
on se déplaçait, on disposait ces longs

siéges de manière à ce que l'on fût assis devant les tables de la classe, et bientôt ces tables furent couvertes de la plus appétissante collation possible. Des gâteaux de toutes formes, de toutes saveurs, des fromages exquis, des pyramides de pêches veloutées, de prunes blondes ou violettes, de pompeuses grappes de raisins hâtifs remplaçaient, avec beaucoup d'avantage aux yeux des écoliers en vacances, les livres, les cahiers, les plumes et les écritoires des jours passés.

Aucune des grandes personnes ne se retira : d'abord, parce que la pluie qui avait été la cause de leur séjour forcé dans la salle, la pluie continuait toujours ; ensuite parce que chaçun trouvait fort réjouissant de voir ces jeunes garçons et aussi leurs sœurs que l'on invita galamment, faire honneur à ce repas avec le joyeux appétit de leur âge ; enfin et surtout, parce que l'on tenait beaucoup à entendre la fin de l'histoire du bonhomme Louis. Il était cependant encore dans l'assemblée un autre intérêt puissant qui aurait suffi pour la retenir, c'était l'espoir que le maire ne lèverait pas la séance sans proclamer le nom de celui d'entre les habitants qui avait fait dans l'année l'action la plus sage.

Profitons donc de l'instant de silence que garde le maître d'école, et disons aux curieux pourquoi Marianne avait, à la seule mention d'Eugénie, la fille de Louis, poussé un si long soupir. Faisons-leur connaître le fils qu'elle attendait toujours, malgré son désespoir. Alphonse, le premier de ses cinq enfants, bon et intelligent garçon, avait, au terme de sa quinzième année, montré une telle vocation pour le service de la marine, et un capitaine que ses parents connaissaient leur avait si vivement montré Alphonse comme destiné à parcourir un chemin brillant dans cette carrière, que

Marianne et son mari consentirent enfin aux instances dont les pressait leur enfant, et lui permirent de monter à bord du navire commandé par ce capitaine, non toutefois sans lui recommander d'écrire le plus souvent qu'il pourrait. Marianne s'était décidée à ce sacrifice, car, avec une si nombreuse famille, elle ne se voyait pas en position d'empêcher son fils de partir s'il tombait au sort lors de la conscription.

Marianne reçut de lui des lettres pleines de tendresse et de consolation, pendant les quatre années qui suivirent son départ, puis la correspondance se ralentit non du côté de la mère, mais du côté d'Alphonse. C'est qu'une lettre que l'on remet dans les mers de la Chine, du Brésil ou du Pôle, à un vaisseau qui passe, est une lettre bien aventurée. Un naufrage, un incendie en mer, la capture du navire par les pirates, que de causes pour empêcher d'arriver à bon port les nouvelles d'un père, d'un frère, d'un fils, et, pendant ce temps, l'épouse, la sœur, la mère se meurent d'inquiétude et de chagrin.

C'est ce qui arriva plus d'une fois à Marianne. Cependant les lettres ne cessaient pas entièrement, il en arrivait bien une sur quatre ou cinq, et chacune annonçait un avancement obtenu par le courage et le mérite d'Alphonse. Cependant, il y avait plus de trois ans que Marianne n'avait entendu parler de son fils ; il était donc impossible qu'elle n'eût pas à présent une bien affreuse conviction ; c'est qu'Alphonse, s'il n'avait pas péri dans un naufrage, était tombé sous le *kris* des insulaires des mers de la Sonde ou le *patou-patou* des sauvages de l'Océan Pacifique.

Et Charles, Charles qui allait quitter sa mère, sa mère veuve depuis deux ans, et la laisser seule dans son affliction, Charles y mettait le comble au contraire, ainsi que nous l'avons raconté. Pour abandonner la maison paternelle et aller chercher fortune, il s'autorisait de l'exemple d'Alphonse, et son amour-propre l'empêchait de voir qu'il n'avait, pour réussir, aucune des qualités brillantes et solides qui décidèrent Marianne et ses amis à donner leur assentiment empressé au départ de son aîné. Charles, au contraire, et il était impossible de le méconnaître, n'avait ni savoir ni intelligence pour en acquérir jamais. L'indépendance ne pouvait qu'être funeste à celui qui ne savait pas se conduire. Du moins, les travaux de la ferme, au milieu desquels il était né et qu'il avait appris comme on apprend à parler, ces travaux nobles et purs auraient fait de lui un membre utile à la société; au lieu que, perdu dans les villes, il devenait inutile et dangereux peut-être. C'est cette pensée qui désespérait Marianne lorsqu'elle le voyait décidé à partir.

Cependant, le récit du bonhomme Louis avait, de temps à autre, produit quelque impression sur Charles. A chacune des catastrophes survenues au pauvre maître d'école par l'effet d'une démarche folle et contraire au vœu paternel, l'attention du fils de Marianne était devenue moins incertaine, moins errante. Ses yeux en faisaient foi, et Marianne, qui n'avait cessé de le regarder avec anxiété, recueillait chacune de ces émotions comme une espérance.... Elle perdit cependant tout espoir lorsqu'elle entendit Charles parler avec joie de leurs projets de départ, aux garçons qu'il voulait accompager à Paris.

Quant à Eugénie, dont le nom fit soupirer si profondément Marianne, la suite du récit nous apprendra quels liens étroits les unissaient. Eugénie était née un mois seulement après Alphonse. Ils avaient ensemble rampé sur l'herbe de la pelouse, lorsqu'ils étaient tout enfants, et leurs premiers pas chancelants, ils les avaient essayés ensemble en s'appuyant l'un sur l'autre, Alphonse soutenant Eugénie. C'était un si charmant spectacle que celui de leur constante union! Ils s'aimaient tant! Aussi Marianne et le bonhomme Louis s'étaient-ils, dès lors, promis de les marier.

Une autre conformité du sort d'Eugénie et de celui d'Alphonse, c'est que, quelques mois après le départ du fils de Marianne, la fille de Louis quitta aussi la maison paternelle pour entrer au château en qualité de compagne d'une petite fille de six ans. Eugénie était déjà fort instruite alors, et ne pouvait qu'apprendre encore en enseignant, car les leçons que l'on donne aux autres sont d'excellentes leçons que l'on se donne à soi-même. Mais Eugénie était presque sans cesse en voyage avec la famille Montigny, et depuis deux ans qu'elle était partie pour la Nouvelle-Orléans, au-

cune nouvelle n'était parvenue au bourg
ni au château. La fatale fièvre jaune avait-
elle enlevé à Louis, à Marianne, leur
fille, et à Alphonse, sa fiancée : voilà
ce que M. Louis se demandait. ou demandait au ciel avant et après toutes ses
prières.

Marianne et Louis ne pouvaient donc
être fort gais, on le conçoit : cependant
le joyeux babil, l'animation de tous les
petits convives, l'air heureux qu'ils
avaient tous, firent que leurs fronts se
déridèrent. De plus, le ciel, quoique
toujours fondant en eau, commençait à
prendre une teinte à demi lumineuse,
et, en traversant l'atmosphère où les
rayons du soleil parvenaient à se faire
jour, les gouttes de pluie formaient
comme un rideau de gaze d'argent.

« Nous allons bientôt pouvoir aller à
la fête, mes amis, patience ! patience ! »
dit, après avoir regardé le temps, le bonhomme Louis à ses écoliers ; mais tout

l'auditoire, grands et petits, éleva la voix pour demander, avant tout, la fin de son histoire.

« Vous en étiez au moment où, en revenant à Montigny, vous apprîtes que madame Geneviève était bien malade, » dit au narrateur un de ses petits élèves qui était près de lui, et le bonhomme Louis, satisfait de cette marque d'attention de la part d'un de ses auditeurs, reprit son récit.

12.

On connaît les amis au besoin.

« Frappé de terreur par cette nouvelle
qui m'avait été donnée d'une voix émue,
tremblante, je hâtai le plus que je le pus
mes pas chancelants. Il me tardait d'arriver, et cependant je craignais de rentrer
chez moi, et, chemin faisant, je priais à

mains jointes mon Dieu de ne pas me réserver une épreuve fatale.

Enfin, parvenu au pavé de la grande rue, je jette les yeux en avant, et, de loin, j'aperçois devant la porte un groupe nombreux. Je crus que j'allais tomber, tant mes genoux fléchirent. Enfin, me raidissant contre l'émotion qui me serrait le cœur, je double le pas, j'approche... on se tait... les figures soucieuses s'assombrissent encore... on s'écarte silencieusement pour me laisser passer... J'entre.

M. Éloi était là, debout, l'air triste, morne, désolé.

« Mon frère, j'ai prié Dieu pour elle. » Voilà tout ce qu'il me dit d'une voix brisée.

O douleur! à côté du chevet, Étienne, à genoux, priait, tandis que Jean criait dans son lit; il appelait sa mère. C'est vers elle que je courus d'abord; ses joues étaient froides comme le marbre, elle était morte!

Je restai longtemps à genoux, le front penché sur cette pâle figure.

Mon anéantissement était complet ; pourtant, j'en fus tiré par des vagissements. Ce n'est qu'alors que je pensai à l'enfant qui venait de naître, au moment où allait mourir sa mère , et je me retournai d'un air désolé.

Que vis-je? Marianne, oui, Marianne qui tenait mon enfant dans ses bras. Je croyais rêver, je ne savais plus où j'étais, et ce n'est que le lendemain que je sus comment Marianne, celle que j'avais tant offensée et que ma pauvre femme ne pouvait souffrir, se trouvait là, rendant à moi et à ces tristes dépouilles le plus pieux des services. Au moment où Geneviève expirait, elle entrait dans le village où elle venait avec son mari, qu'elle a perdu depuis, hélas! Elle devait désormais exploiter la petite ferme de Montigny, et ayant entendu raconter ce qui se passait, elle était accourue à la maison : « Malheureuse Geneviève ! me disait-elle, elle est morte en balbutiant ces mots : pardonne-moi ! pardonne-moi !

— Pauvre femme, lui répondis-je, elle a expié ses fautes par bien des angoisses, bien des souffrances. Dieu, je l'espère, lui aura pardonné comme je lui pardonne; mais ses enfants, que vont-ils devenir ? »

Ce coup inattendu m'avait brisé le cœur, je n'étais plus à rien des choses d'ici-bas. Étienne, Jean étaient toujours chez mon excellente Marianne, qui partageait entre Eugénie et Alphonse, né un mois avant ma fille, le lait qui n'appartenait qu'à son enfant.

Anéanti durant de longs jours, et tout à mon impuissant désespoir, je laissai passer, sans y songer, le nouveau délai que mon créancier m'avait accordé pour le paiement de ma dernière dette ! Certes, il fallait que la douleur m'eût fait perdre momentanément toute faculté.

Un jour, donc, que j'étais entre mes enfants, je vois un huissier se présenter avec la lettre de change. Quelle fut ma consternation ! je ne savais que dire, je balbutiais. J'étais accablé de honte, manquer à ma parole ! être exposé au déshonneur !

En ce moment, on frappe à la porte, c'était Pierre ! sa sœur Marianne le suivait, et tous deux me serrèrent dans leurs bras.

« Comment, Louis, me dit Pierre, tu as été malheureux, tu l'es encore, et il faut que je le sache par d'autres, et tu m'as oublié, tu n'es pas venu me demander des consolations ! Il faut donc que je vienne te trouver ; » et en me parlant ainsi, il me mettait entre les mains un billet de 1,000 francs.

Heureux homme, qui avait vécu avec assez d'ordre et de sagesse pour pouvoir obéir à un mouvement de générosité et venir au secours d'un ami qui l'avait abandonné ; j'acceptai ses offres, car il me dit que c'était là le seul moyen de me réconcilier avec lui; la lettre de change fut soldée, et je me rattachai à mes amis d'enfance par le lien le plus doux, le plus tendre, la reconnaissance, qui est la seule dette que je veuille toujours conserver pour avoir le bonheur d'y penser toujours.

13.

Des fautes faites à plaisir, on se repent à loisir.

Une de mes plus vives appréhensions lorsque je fus menacé d'être mis en prison, avait été de perdre la place de sous-maître d'école près du vieillard qui était instituteur communal ; mais, grâce à M. Éloi, notre digne curé, et aussi au service que venaient de me rendre Pierre et Marianne, je conservai mes fonctions.

Marianne, qui avait commencé à partager son lait avec mon Eugénie et son fils Alphonse, voulut continuer d'être la nourrice de ma fille et établir ainsi entre elle et son fils une douce parenté. Ces soins si doux d'une amitié pure, d'une amitié d'enfance, me furent bien précieux pour ramener dans mon cœur, sinon le bonheur, du moins le calme et la paix. Le travail me mit enfin à même de remplir toutes mes obligations ; Eugénie grandissait, de plus en plus aimable, de plus en plus instruite. Jean était studieux, et en même temps qu'il se livrait à l'étude, il se plaisait déjà à cultiver le champ de mon père, précieux héritage que j'avais pu racheter. Quant à Étienne, il montrait de plus en plus de dispositions pour les arts mécaniques, et je trouvai, dans mon industrie, le moyen de payer

son apprentissage chez un mécanicien
de la ville.

Je ne me séparais, toutefois, pas de
lui sans inquiétude, car je connaissais
son caractère ardent, prompt à s'attacher
à tout ce qui lui semblait beau et nouveau,
caractère inconstant dont j'avais fait par
moi-même une triste expérience. Dans
le traité que je fis avec son maître, il fut
donc convenu qu'Étienne viendrait tous
les mois à Montigny. Par ce moyen, je
voulais suivre les impressions diverses
dont serait frappée cette tête si mobile
et combattre tout mauvais penchant que
je verrais s'y manifester. Je redoutais
surtout pour lui, prompt à s'attacher tout
autant que je le fus à son âge, les mauvaises compagnies dont j'avais éprouvé
la funeste influence d'une si terrible
façon, que tous mes malheurs en décou-
lèrent comme d'une source fatale.

C'est en 1825 qu'Étienne me quitta,
il avait douze ans alors, et ses voyages

successifs à Montigny me donnèrent une certitude bien douce. Mes recommandations avaient été écoutées par mon enfant, et il devint le plus actif et le plus habile apprenti de son maître ; mais il ne gagnait rien encore, ses besoins croissaient, ainsi que ceux d'Eugénie et de Jean, à mesure que venaient les années.

Je regardai donc comme un bienfait de la Providence, la démission que le maître d'école donna. Sa place ne pouvait manquer de m'être dévolue ; je n'en doutais pas et j'attendais, plein de confiance, la décision qui bien certainement ne pouvait que m'être favorable.

« Vous avez tort, me disaient mes amis ; — vous avez tort de vous tenir ainsi tranquille, entendais-je répéter de toutes parts. Cet emploi peut fort bien vous échapper. — Nous savons, chuchottaient quelques autres à mon oreille, nous savons qu'un jeune homme fait des démarches actives, et qu'elles sont secondées par de hautes protections. — La meilleure protection, répliquais-je, ne l'ai-je pas? La renommée, les utiles services de mon père, ce que j'ai fait pour reconquérir l'estime de tous. Non..., non, je ne crois pas que personne puisse me disputer la place. »

Et pourtant, tandis que je me berçais dans ce repos et cette confiance indolente, des gens mieux avisés agissaient, ainsi qu'on me l'avait dit. Enfin, un jour j'appris que le maître d'école était nommé, et ce n'était pas moi. Oh! je tombai alors dans le plus violent désespoir, et je courus chez M. Éloi, chez M. le maire. Il n'était que trop vrai. Tout était irréparable. Un nouveau maître d'école était désigné : on ne savait point son nom, mais à coup sûr ce n'était pas moi.

Cependant j'avais été proposé. Quel avait pu être le motif de la disgrâce dont j'étais atteint? Sans doute, pour me faire écarter, on avait tiré parti contre moi du désordre qui avait longtemps régné dans mes affaires et de mes dettes provenant de l'absence de tout ordre et de toute économie. « Quels longs retentissements, me dis-je et dis-je à mes enfants, un désordre, une faute ont dans toute la vie ! Ainsi, tous mes malheurs sont partis, comme autant d'échos funestes, de la résistance que je mis à suivre les avis de mon père et à exécuter ses volontés. Si je n'eusse pas épousé une autre femme que celle dont la prudence de mes parents avait fait choix pour moi, je n'aurais pas été ruiné par une malheureuse qui, du reste, a été sa première victime. Si j'étais resté près de mon père, sa place me serait échue tout naturellement, sans obstacle, et à présent voyez que de peines il m'a fallu pour me maintenir jusqu'à ce jour dans un poste secondaire, voyez comme tout m'échappe aujourd'hui ! »

Le premier pas, mon fils, que l'on fait dans le monde,
Est celui d'où dépend le reste de nos jours.

Je tombai dans un abattement affreux sous ce coup qui, en effet, était fatal à ma famille et à moi, car non-seulement la direction de l'école m'était enlevée, mais même l'emploi que j'y exerçais en sous-ordre. Le nouveau titulaire, jeune et actif, voudrait-t-il partager une portion de ses bénéfices?

Triste, pensif, et recevant avec distraction les caresses par lesquelles Jean et Eugénie me consolaient autrefois, je regardais avec douleur mes enfants ! « Quel sera ton sort, ma pauvre Eugénie! » Ces mots de désespoir m'avaient échappé au milieu des soupirs, et, se jetant à mon cou, elle me répondait que son sort serait toujours heureux près de moi, lorsque madame de Montigny entre et me la demande pour être la compagne de sa petite fille, car Eugénie, à douze ans à peine, avait déjà beaucoup de savoir et de raison. Laisser échapper cette occasion qui pouvait assurer le bien-être de ma fille, c'eût été de ma part un égoïsme coupable. Comme père tendre, je ne pouvais que voir avec douleur ce cruel moment de la séparation; mais, comme père prudent et sage, je ne devais pas permettre que ma fille se condamnât à partager ma détresse. Marianne, qui avait jusqu'alors élevé Eugénie, sentit comme moi la nécessité de ce sacrifice. Quant à ma fille, elle pleura beaucoup pour obtenir de moi que je ne consentisse pas à la proposition de madame de Montigny; mais cette profession était dans son intérêt, et j'acceptai, non sans que de grosses larmes roulassent dans mes yeux, surtout lorsque j'appris qu'Eugénie devait entrer dès le lendemain même au château et partir sur-le-champ avec la famille pour de longs voyages en Europe.

Quelle nuit je passai après cette décision prise! Ce fut une nuit d'agitation, de fièvre, une nuit sans sommeil; je ne cessai pendant ses longues heures de récapituler tous mes chagrins accumulés à la suite de quelques jours livrés à ce que l'on appelle dans le monde la joie, le plaisir, et je me rappelai alors plus vivement que jamais ce que ma bonne grand-mère me disait, lorsque je pleurais durant la retenue qui était la punition d'une faute : *des fautes faites à plaisir, on se repent à loisir.*

Elle avait bien raison, c'est mon avenir qu'elle prédisait en me répétant ces paroles. Combien y avait-il de temps que je me repentais! Combien de temps aurais-je encore à me repentir! Combien d'années de remords et de chagrins pour quelques mois de dissipation!

Je me levai sans avoir clos l'œil un seul instant, et je ne cessai de tenir Eugénie dans mes bras, sur mon cœur, jusqu'à ce que vint l'heure à laquelle j'avais promis de la conduire chez madame de Montigny. Il me fallut employer mon autorité pour contraindre Eugénie à se séparer de moi. Quel courage!

Combien nos adieux furent déchirants! Que de sanglots confondus! Que de larmes versées dans ces derniers embrassements! Enfin, nous nous séparâmes, et je rentrai chez Marianne où nous pleurâmes ensemble; puis, dès le lendemain matin, nous courûmes au château, où j'avais du moins espéré voir encore ma fille pendant quelques jours. Toute la famille allait partir, nos bonjours furent des adieux, et je ne revins chez moi que lorsqu'il ne me fut plus possible d'apercevoir dans le lointain la chaise poste qui emportait Eugénie, ou d'entendre le lointain murmure des roues.

Plongé dans la plus profonde douleur, je ne sentais même pas les caresses de Jean, j'entendais encore moins ses paroles de consolation, lorsqu'un second coup vint frapper mon cœur : le maître d'Étienne, appelé par des industriels de la Belgique pour coopérer à des travaux dans lesquels il excellait, vint me demander d'emmener avec lui Étienne qui était à présent un ouvrier parfait : « La volonté de Dieu soit faite ! » dis-je avec résignation, et, après avoir béni Étienne comme j'avais béni Eugénie, je rentrai dans ma triste chambre. Je n'avais plus que Jean près de moi.

Le soir même de cette journée si pleine de bien douloureuses émotions, j'étais sur le seuil de ma porte, et les voisins, les passants, me voyant les yeux rouges et les traits altérés, me regardaient en silence ; ils respectaient ma peine profonde. En ce moment, j'aurais été incapable de penser à toute autre chose qu'à mon affliction ; cependant, au milieu des conversations que l'on échangeait autour de moi, ces mots vinrent me frapper :

« Tiens! voici le nouveau maître d'école, il vient par ici! » Ces paroles me bouleversèrent, et, saisi d'un tremblement convulsif, je ne me sentis pas la force de me trouver face à face avec celui qui m'enlevait mon pain. Cependant, ma conscience me disait tout bas que j'étais injuste et que je ne pouvais reprocher mon malheur à un étranger qui nécessairement ne m'était lié par aucune sorte d'intérêt, et dont les démarches, fatales pour moi par leur résultat, n'étaient cependant à mon égard ni une méchanceté, ni une trahison, ni une perfidie.

Je m'empressai néanmoins de rentrer, non toutefois sans jeter derrière moi un regard furtif. Qui reconnus-je dans ce rival heureux?.. Théophile, Théophile que j'avais sauvé de la faim, que j'avais élevé, nourri d'une part de mon pain, Théophile qui me devait l'instruction dont il avait tiré parti pour me trahir dans cette circonstance. Oh ! ce trait d'ingratitude me révolta. Ainsi, pour réussir, il avait outragé, dénigré, calomnié son bienfaiteur. Si l'ambition, me dis-je, pousse l'homme à de si odieuses actions, mille fois mieux vaut mourir obscur, ignoré, pauvre !

Je ne savais pas que Théophile s'était corrigé et qu'il était devenu un homme de bien, de savoir, et tout à fait honorable ; mais, le cœur ulcéré, plein de colère et de haine pour le genre humain, je fermais derrière moi la porte de cette maison, que j'allais sans doute être contraint de vendre, lorsque je sentis le battant me résister, et je me retournai pour écarter l'obstacle.

C'était Théophile qui poussait la porte pour entrer après moi ! Mes yeux, je le sentis bien, prirent l'expression du mépris et de l'indignation qu'il m'inspirait, et j'allais le rejeter dans la rue.

« Eh bien ! M. Louis, me dit-il en cet

instant, d'une voix douce, vous m'avez trouvé bien ingrat, n'est-il pas vrai? mais je viens tout réparer : vous avez la place de maître d'école. » En même temps, Jean, me sautant au cou, me présentait un papier que lui avait remis Théophile.

J'y jetai les yeux... O surprise! ô bonheur! c'était le diplôme de la place de mon père, et ce diplôme était à mon nom; Théophile avait suivi toutes les démarches pour l'obtenir, et le bien que je lui avais fait autrefois était récompensé. J'avais accompli dans ma vie une belle action, et c'était elle qui avait fléchi le ciel en ma faveur. Oh! combien je demandai pardon à Théophile de l'injustice que j'avais commise à son égard! Avec quelle ferveur je le remerciai de ce qu'il me rendait le bonheur en me réconciliant avec les hommes!

Théophile, après s'être ainsi complétement réhabilité, quitta Montigny pour aller, dans une autre partie de la contrée, exercer les mêmes fonctions que les miennes. A présent que le bien-être et l'aisance m'étaient rendus, je déplorai bien amèrement le départ d'Étienne, celui d'Eugénie surtout. Deux jours plus tard et je la gardais, car j'étais sûr qu'elle n'aurait pas souffert près de moi. « Ma félicité ne devait donc pas être complète encore, me dis-je, et Dieu voulait sans doute que j'éprouvasse, par suite de l'éloignement de mes enfants, ce que j'avais fait éprouver de chagrin à mon père, à ma mère, en me séparant d'eux ! »

Jean devait, aussi lui, me faire connaître ce chagrin. Depuis assez longtemps déjà, il négligeait tout à fait les travaux de mon champ, et ne me secondait qu'avec dégoût dans mes fonctions qu'il trouvait à présent trop humbles. Je ne sais quels livres il avait lus, et les mauvais livres sont encore plus dangereux que les mauvaises sociétés, mais il s'était avisé de vouloir suivre leurs leçons et ne songeait plus qu'à mettre en vers ou en prose tout ce qui lui passait par la tête. Avait-il trouvé à la ville des sots ou des flatteurs pour admirer ses œuvres, ou bien le sot n'était-il pas plutôt son propre et unique flatteur ? Le fait est qu'il se croyait un grand homme prédestiné, un génie méconnu. Toutes les fois qu'il revenait de la ville, il soupirait davantage, se révoltait toujours plus amèrement contre cette obscurité du village où il était déplorable de languir et de s'éteindre, car il se regardait comme un flambeau, et plus d'une fois je l'entendis prétendre sérieusement que Paris le réclamait.

« Paris te réclame...! Y penses-tu bien, mon pauvre enfant ? Qui donc a pu te mettre dans la tête une aussi folle pensée ? Ne sais-tu pas que Paris a laissé et laisse tous les jours mourir de faim des hommes qui ont quitté leur village ou leur petite ville pour venir s'engloutir dans son chaos, et cela sur la foi d'un talent plus ou moins réel? Ils sont venus comme des papillons se brûler à cet éclat devant lequel s'effacent toutes les illusions de la présomption qui se prenait pour du génie dans son village. Ne fais pas comme eux; ne cause pas une nouvelle affliction à ton père en quittant le village, où tu le remplaceras peut-être un jour. »

C'est précisément ce que mon père me disait pour me retenir, ce que je n'écoutai point, ce que mon fils Jean n'écouta pas plus que je ne le fis autrefois. Les pères sont souvent punis de leurs fautes par leurs enfants. C'est la Providence et la justice divine qui le veulent ainsi. Jean fut donc sourd à tous les avis, non-seulement aux miens, mais aussi à ceux de tous mes amis, à ceux de Marianne et de Pierre; il prétendit que l'on était jaloux de lui, que l'on voulait étouffer sa gloire naissante. La vanité d'un auteur est si aveugle! Enfin un matin il sortit de la maison pour n'y plus revenir.

Oh! c'était sur lui que mes joies de famille et mes consolations, en s'écroulant une à une, s'étaient toutes réunies. Quelle fut donc mon affliction! C'est à partir de ce moment que chacun, me voyant toutes les apparences de la vieillesse, me donna le titre de *bonhomme*. Ce titre, je l'accueillis avec bonheur, car j'y voyais l'expression de l'amitié, et j'ai de plus en plus acquis la conscience que je le mérite, et que le malheur, en me frappant coup sur coup, m'a toujours rendu meilleur.

Vous connaissez à présent, mes amis, l'histoire de mes cheveux blancs : contemplez-les avec respect, car ce sont des avertissements solennels. Profitez des leçons qu'ils vous donnent, et vous serez heureux, car vous serez obéissants aux conseils que vos pères, vos mères, ou vos maîtres vous donnent par l'ordre de Dieu. »

Une rumeur profonde suivit le récit du bonhomme Louis, chacun s'entretenait des douleurs que peut engendrer pour longtemps une seule faute ; chacun félicitait Pierre et Marianne de la belle conduite qu'ils avaient tenue vis-à-vis de Louis, et une chose que remarquait avec bonheur Marianne, c'est que Charles avait pâli plus d'une fois et semblait pensif.

« Peut-être, se disait-elle, la narration de Louis le fait-elle réfléchir. Oh ! s'il en était ainsi, que je bénirais ce touchant récit. »

Elle s'approchait de son fils, et allait sans doute faire, en ce moment d'émotion, un dernier appel à son cœur, à sa raison aussi, lorsque du dehors vint un long brouhaha de voix et de rires joyeusement échangés. On pensa d'abord que c'était le bruit de la fête qui recommençait avec le soleil revenu pur sur l'horizon, mais le murmure s'approchait de plus en plus, et enfin la porte de la salle s'étant tout à coup ouverte à deux battants, il y entra sans obstacle.

14.

C'est lui! c'est elle!

Tel fut le double cri qui s'éleva alors
de toutes parts, dans un parfait accord.

« C'est lui! répétait alors de l'accent
de l'extase, Marianne, en s'élançant vers
un jeune homme revêtu de l'uniforme
d'officier de marine, et, en l'embras-

sant avec la plus inépuisable effusion d'amour, elle ne pouvait que faire entendre, en suffoquant de joie, ces paroles : « C'est lui ! C'est mon enfant ! C'est Alphonse ! C'est lui !

— C'est elle ! s'écriait en même temps le bonhomme Louis, Dieu soit loué ! c'est elle ! » et, comme Marianne, il s'était élancé vers la porte de la salle et il pressait, sur son cœur, une grande et belle fille..... son Eugénie !

Oui, c'était Eugénie. La famille de Montigny, revenue des Antilles, rentrait au village avec elle, lorsque, par un hasard que nous ferons mieux de nommer providence, Alphonse, débarqué quelques jours auparavant à Cherbourg, après un long voyage autour du monde, avait rencontré dans le chemin d'aubépines sa fiancée Eugénie. Ils avaient donc franchi ensemble le seuil de la salle de la distribution des prix, et nous renoncerons à peindre la joie du bonhomme

Louis, qui ne cessait de rendre grâces à Dieu de ce qu'il lui avait plu de donner à son récit un si beau dénouement.

« Il n'y a plus que Jean et Étienne qui me manquent, mais, je suis en veine de bonheur, et qui sait?... » C'est ce que le bonhomme Louis disait en souriant et en regardant tendrement sa chère fille, qui le contemplait aussi avec amour.

La joie de Marianne était aussi bien touchante à voir; mais les écoliers, qui avaient plus d'une fois soupiré après la fin du récit pour aller à la fête sur laquelle à présent le plus beau soleil resplendissait, ne dissimulaient plus leur impatience. Il fallut bien que le maître d'école s'en aperçut :

« Allons, mes enfants, dit-il en regardant Eugénie, Alphonse et toute sa petite famille studieuse, allons, voilà le beau temps revenu pour nous tous, mais, avant de nous rendre à la fête, allons à l'église nous prosterner devant l'autel et remercier Dieu des bienfaits dont il nous comble aujourd'hui. »

Marianne, Pierre, le maître d'école, Eugénie et Alphonse traversaient donc la place pour aller tomber à genoux devant le sanctuaire, quand, ô surprise! ô transport! au moment où, guidés par M. Éloi, ils allaient franchir le seuil du lieu saint, Étienne et Jean leur apparurent. Étienne était presque richement vêtu, il avait prospéré dans sa carrière, et d'ouvrier était devenu maître; mais quant à Jean, nul autre que son père ne l'eût jamais reconnu. Il était la misère, la détresse personnifiée, et sa déplorable mine affamée eût été faite pour dégoûter bien des prétendus grands hommes de leurs prétentions littéraires. Des rêves les plus orgueilleux que puisse engendrer l'amour-propre, il était tombé dans la plus triste des réalités, la faim, et il errait sur les routes, n'osant rentrer à Montigny, tant il était délabré, tant, surtout, il rougissait de la folle conduite qui l'avait précipité dans cet abîme; il errait autour de son pays natal, sans avoir le courage d'y reparaître, quand Étienne, qui revenait heureux et fier de sa bonne conduite, le ramena après l'avoir bien des fois embrassé et bien des fois assuré que son père le recevrait comme l'enfant prodigue.

En effet, le bonhomme Louis était trop content de retrouver toute sa famille pour penser à autre chose qu'à serrer dans ses bras Jean, comme il y avait étreint son frère et sa sœur.

Nous avons dit combien Charles avait été vivement ému par les différentes phases de peine et de détresse par lesquelles le bonhomme Louis eut à passer, en expiation d'une faute, l'abandon irréfléchi de sa famille et de sa carrière. Les dernières angoisses du maître d'école l'avaient profondément ébranlé dans sa résolution: la vue de Jean, maigre, pâle, délabré, vêtu de haillons, cette vue le frappa comme un saisissant pronostic de ce qui lui était réservé.

« O ma mère! ma mère! s'écria-t-il, en se jetant au cou de Marianne, ma mère! pardonne-moi! Pardonnez-moi, M. Louis, je ne veux plus vous quitter.... je resterai ici jusqu'à la fin de mes jours. Oh! merci, M. Louis, merci des avertissements que votre récit m'a donnés. »

Dès lors, il n'y avait plus que de la joie à Montigny. La fête du bonhomme Louis, la fête du village furent belles et complètes. Marianne, Charles, Pierre, Eugénie, Alphonse, Jean, Étienne revinrent tous à la maison où le diner fut gai comme le bonheur. Étienne était pour toujours établi dans la ville voisine; Jean, renonçant pour jamais à écrire des choses inutiles, revenait aux soins de l'agriculture, et Charles, profitant de l'exemple de Jean, promit de ne pas quitter sa mère, ni la ferme; aussi, le dimanche suivant, en présence des habitants assemblés, le maire lui décerna-t-il le prix réservé à l'action la plus sage et la plus rare, celle de reconnaître ses torts et de s'instruire par l'expérience d'autrui.

FIN.

TABLE.

		Pages.
1.	— Cheveux blancs, avertissements...	9
2.	— Ne perdez pas le temps, car la vie en est faite....................	26
3.	— Tout nouveau, tout beau........	35
4.	— Ami au prêter, ennemi au rendre..	49
5.	— Femme bonne vaut une couronne.	55
6.	— Femme qui trop souvent se mire, guère ne file..................	68
7.	— Un peu, répété souvent, fait beaucoup........................	79
8.	— La frugalité et l'industrie sont de bonnes servantes au logis.......	92

Pages.

9. — Quand le puits est à sec, on sait ce que vaut l'eau............... 102

10. — Débiteur, esclave............... 117

11. — Agréable interruption............ 135

12. — On connaît les amis au besoin..... 145

13. — Des fautes faites à plaisir, on se repent à loisir................... 151

14. — C'est lui! C'est elle!............ 171

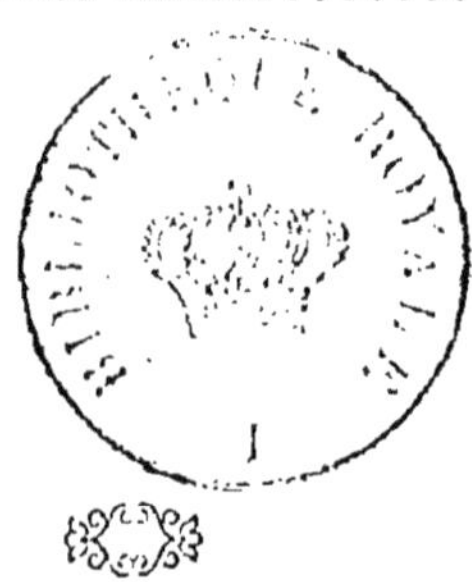

CHARITÉ
BIBLIOTHÈQUE DE LA JEUNESSE CHRÉTIENNE
Agnès.
André.
Anatole.
Annette.
Anc. Testament.
Antonio.
Bastien.
Bernard et Arm.d.
Braconniers.
Chaumière Irland.
Cent petits Contes.
Chartreuse.
Clotilde.
Conteur allemand.
Croix au bord du c.
Croix de Bois.
Duval.
Edouard.
Enfant de Chœur.
Enfants vertueux.
Émigrants.
Famille africaine.
Fête de S. Nicolas.
Famille chrétienne.
Félix.
Fridolin.
Fridoline.
Gondicar.
Guirlande de Houblon.
Henri et Marie.
Henri.
Jénoseph.
Laure.
Le Tilleul.
Louis l'émigré.
Lydia.
Maître d'école.
Maria.
Marie.
Mélanie et Lucette.
Marthe.
Nouv. pet. Contes.
Nouv. Testament.
Œufs de Pâques.
Petit mouton.
Pierre Cœur.
René.
Rose de Tannebourg
Rosier.
Sept nouv. Contes.
Serin.
Sœur Léocadie.
Soirées Romaines.
Théophile.
Veille de Noël.
PUBLIÉE
avec approbation
de Mgr l'Archevêque
DE TOURS.
EDOUARD MAY
DUJARDIN SCULP.